Norbert Schäfer

Organisationspsychologie für die Praxis

Mit Erläuterungen zur Personalauswahl nach DIN 33430

2., überarbeitete und erweiterte Auflage

Verlag Wissenschaft & Praxis

Bibliografische Information der Deutschen Bibliothek

Die Deutsche Bibliothek verzeichnet diese Publikation in der Deutschen Nationalbibliografie; detaillierte bibliografische Daten sind im Internet über http://dnb.ddb.de abrufbar.

ISBN 3-89673-218-8

D-75447 Sternenfels, Nußbaumweg 6
Tel. 07045/930093 Fax 07045/930094

Printed in Germany

Vorwort

Dieser Band "Organisationspsychologie für die Praxis" wendet sich ausdrücklich nicht in erster Linie an Arbeits-, Betriebs- und Organisationspsychologen (ABO-Psychologen). Es sollen vielmehr Praktiker angesprochen werden, die in ihrer Funktion als Mitarbeiter und Mitarbeiterinnen im Personalbereich Kontakt zu den behandelten Themen bekommen.

Besonders im Bereich der Ausbildung, Fort- und Weiterbildung und der Personalentwicklung kann das Buch gute Dienste leisten.

Es wird aufgezeigt, zu welchen Themenkomplexen ABO-Psychologen Beiträge liefern können. Der Praxis soll damit deutlich gemacht werden, dass die Organisationspsychologie anwendungsbezogene, für die Praxis relevante Forschungsergebnisse vorzeigen kann und es deshalb sinnvoll ist, sich bei bestimmten Fragestellungen der praktischen Personalarbeit der Unterstützung von ABO-Psychologen zu bedienen.

Ein weiterer Leserkreis sind die Studierenden von Universitäten und Fachhochschulen, für die psychologische Kenntnisse für ihre spätere Berufsausübung von großer Bedeutung sein können, z. B. Dipl.-Betriebswirte, Dipl.-Verwaltungswirte, aber auch Absolventen technischer Fachrichtungen, die sich auf mögliche Aufgaben als Führungskräfte vorbereiten wollen.

Für Leser, die sich intensiver mit den angesprochenen Themen befassen wollen, sei auf die umfangreichen Literaturhinweise am Ende des Buches verwiesen. Auch stehen als weitere Informationsquellen, insbesondere zur Erläuterung von Theorien und Modellen, verschiedene Lehrbücher der Organisationspsychologie zur Verfügung.

Ludwigsburg, im Frühjahr 1997

Vorwort zur 2. Auflage

Die nun vorliegende 2. Auflage von "Organisationspsychologie für die Praxis" hat sich gegenüber der ersten Auflage in vielen Teilen verändert.

Insbesondere wurde Im Kapitel "Personalauswahl" enger Bezug zur DIN 33430 genommen. Diese DIN beschäftigt sich mit "Anforderungen an Verfahren und deren Einsatz bei berufsbezogenen Eignungsbeurteilungen" und stellt damit einen Rahmen zur Durchführung von Personalauswahlverfahren dar. Es wurde versucht, die theoretischen Überlegungen der DIN 33430 für Praktiker handhabbar zu machen.

Das Kapitel "Methodische Grundlagen der Organisationspsychologie" wurde stark erweitert und bildet damit eine Grundlage für empirische Untersuchungen mit psychologischen Fragestellungen in Verwaltungen und Betrieben.

Am Ende des Buches finden sich praxiserprobte und bewährte Lösungsvorschläge für Probleme der Organisationspsychologie.

Ludwigsburg, im September 2004

Inhalt

1. Kommunikation

Man kann nicht nicht kommunizieren ... (WATZLAWICK 1969)

Die Kommunikation ist eine wichtige Grundlage menschlichen Verhaltens. Gleichzeitig bildet dieses Kapitel eine notwendige Grundlage für nachfolgende Kapitel (insb. Kapitel 2).

Somit wird durch die Überlegungen zur Kommunikation der Grundstein für das Verständnis der Themen "Gruppe" und "Arbeitsteam" gelegt.

Kasten 1.1

Definition: Was ist Kommunikation?

Kommunikation ist eine wechselseitige, aufeinander abgestimmte Informationsübertragung zwischen zwei oder mehreren Interaktionspartnern.

1.1 Grundbegriffe der Kommunikation

1.1.1 Kommunikationsformen

- Direkte Kommunikation (z. B. Vortrag)
- Interaktionale Kommunikation (z. B. Gespräch)
- Massenkommunikation (z. B. Fernsehen)
- Metakommunikation (z. B. Ironie)

Diese verschiedenen Kommunikationsformen können wiederum in verschiedenen Kommunikationssystemen stattfinden.

1.1.2 Die wichtigsten Kommunikationssysteme

- Akustische Kommunikation (z. B. Gespräch)
- Chemische/olfaktorische Kommunikation (z. B. Gerüche, Wirkung des Parfüms)
- Optische Kommunikation
- Multikanal(systeme)kommunikation (alle Systeme werden gleichzeitig genutzt)

Menschliche Kommunikation wird überwiegend über den akustischen Kommunikationskanal aufrechterhalten. Deshalb ist jede Störung der akustischen Kommunikation besonders problematisch für die Betroffenen (vgl.

hierzu die besonderen Schwierigkeiten von gehörlosen bzw. schwerhörigen Personen). Auch die besonderen psychischen Probleme von älteren Personen sind zu beachten.

1.2 Kommunikationsmodelle (Erklärungsansätze)

Das bekannteste und am häufigsten diskutierte Kommunikationsmodell von SHANNON und WEAVER (1949) stammt aus der Technik, wurde jedoch in Ermangelung besserer psychologischer Modelle lange Zeit überwiegend diskutiert.

In den letzten Jahren sind jedoch eine Reihe von interessanten psychologischen Modellen hinzugetreten, die die Besonderheiten menschlicher Kommunikation besser beschreiben können.

Es sollen an dieser Stelle folgende Modelle dargestellt werden:

1.2.1 Das Modell von SHANNON und WEAVER (1949)

Dieses Modell stammt ursprünglich aus der Nachrichtentechnik, fand aber sehr schnell Einzug in die Psychologie. Hierbei steht die Darstellung des Kommunikationsprozesses im Vordergrund.

Der Grundaufbau sieht folgendermaßen aus:

Quelle → Sender → Kanal → Empfänger → Ziel

Person A → Sprechapp. → Rauschen → Gehör → Person B

Dieses Grundsystem kann mannigfaltig ausgebaut werden und an die jeweiligen Kommunikationssysteme angepasst werden.

1.2.2 Das 4-Seiten-Modell der Kommunikation (SCHULZ VON THUN 1981)

Das 4-Seiten-Modell ist ein Strukturmodell und basiert auf der Feststellung, dass eine Verständigung zwischen Personen nur dann erfolgt, wenn die vom Empfänger empfangene Nachricht mit der vom Sender gesendeten Nachricht übereinstimmt.

Die Nachricht selbst besteht dabei aus mehreren Botschaften, bei denen 4 bedeutsame Aspekte (Seiten) zu unterscheiden sind:

1. Sachverhalt

Jede Nachricht enthält einen Sachverhalt, d. h. die Darstellung von Sachinhalten, Fakten und Informationen.

2. Selbstkundgabe

Nachrichten enthalten auch Informationen über die Personen des Senders (Ich-Botschaften); dies kann sowohl gewollte Selbstdarstellung wie ungewollte Selbstenthüllung bedeuten.

3. Beziehung

Die Nachricht verrät auch, wie der Sender den Empfänger sieht (Du-Botschaft: "So einer bist du!") bzw. wie er die Beziehung sieht (Wir-Botschaft: "So stehen wir zueinander!").

4. Appell

Fast alle Nachrichten haben die Funktion, auf den Empfänger Einfluss zu nehmen (er soll etwas tun, lassen, denken oder fühlen). Auch die anderen Seiten können vom Sender in den Dienst der Appellwirkung gestellt werden (Funktionalisierung dieser Seiten), z. B. einseitige/tendenzielle Berichterstattung auf der Sachseite, die Selbstdarstellung soll Bewunderung oder Hilfsbereitschaft auslösen, Beziehungsbotschaften sollen den Empfänger bei Laune halten.

Beispiel: Ein Ehepaar sitzt im Auto, sie fährt. Er sagt: "Du, da vorne ist grün!" Je nachdem, welche Seite der Nachricht für die Frau im Vordergrund steht, wird sie reagieren:

Sachseite: "Ja, schön, dass hier grüne Welle ist!"

Selbstkundgabeseite: "Hast du es eilig?"

Beziehungsseite: "Fährst du oder fahre ich?"

Appellseite: Sie gibt Gas.

Wie die Nachricht beim Empfänger ankommt, hängt von seiner psychischen Beschaffenheit ab (z. B. gute Laune, niedriges Selbstwertgefühl).

Kasten 1.2

Kommunikation in Mehrpersonengruppen, insb. 5er-Gruppen

In Mehrpersonengruppen haben u. U. nicht alle Gruppenmitglieder die gleiche Chance in die Kommunikation einzugreifen. Insbesondere kann nicht jeder ungehindert/ungefiltert mit jedem anderen Gruppenmitglied kommunizieren. BEVELAS und BARRETT (1951) haben die unterschiedlichen Möglichkeiten bei 5-Personen-Gruppen experimentell variiert, d. h. sie manipulierten, wer mit wem kommunizieren konnte. Die verschiedenen Gruppen mussten jeweils 15 Aufgaben lösen, die so gestellt wurden, dass jedes Gruppenmitglied eine Teillösung besaß.

Untersuchungsvariablen:

- Lösungsgeschwindigkeit
- Genauigkeit
- Organisation
- Führerrolle
- Zufriedenheit (sensu Arbeitszufriedenheit)

Untersuchte Kommunikationsformen:

- Kreis
- Kette
- Stern

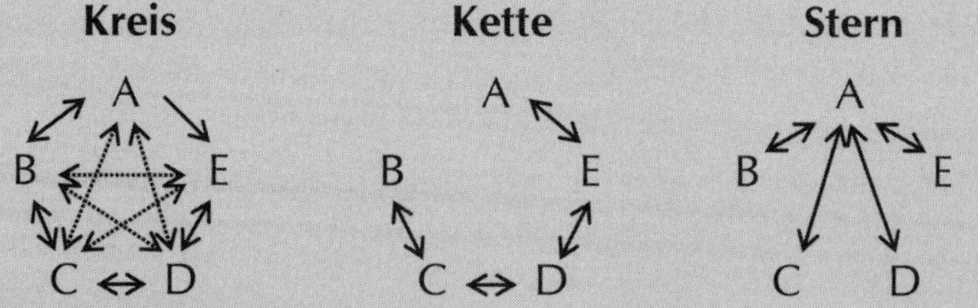

Untersuchungsvariablen	Kreis	Kette	Stern
Lösungsgeschwindigkeit	gering	groß	groß
Genauigkeit	gering	groß	groß
Organisation	instabil	langsam stabil	schnell stabil
Führerrolle	unbestimmt	deutlich	sehr deutlich
Zufriedenheit	sehr groß	gering	sehr gering

Bei sehr komplexen Problemen ist der "Kreis" leistungsfähiger als der/die "Stern/ Kette". An dem Zufriedenheitsmaß ändert sich dabei nichts!

1.3 Kommunikation in großen Organisationen

Die Kommunikation kann schriftlich oder mündlich erfolgen, formell oder informell, individuell oder gruppenbezogen, sachlich oder durch Einstellungen beeinflusst sein. Man unterscheidet Informationsfluss nach oben, nach unten oder in der Horizontalen.

Die Forschung hat sich mit Problemen des relativen Vorteils verschiedener Kommunikationsmedien beschäftigt, außerdem mit dem Inhalt und der Lesbarkeit schriftlicher Mitteilungen, der Entwicklung von besonderen Kommunikationstechniken, mit Faktoren, die die Überzeugungskraft von Mitteilungen beeinflussen und mit den Ursachen von Kommunikationshindernissen und Kommunikationsversagen.

Einige Forschungsergebnisse

- Sehr wirkungsvoll ist das direkte Gespräch auf allen Ebenen.
- Eine Beförderung kann als Kommunikation wirksam werden (Zeichen setzen).
- Wo Probleme mit den Vorgesetzten diskutiert werden können, gibt es weniger Fehlzeiten.
- Die Kombination von schriftlicher und mündlicher Informationsweitergabe ist am wirkungsvollsten.
- Schriftliches Material ist für die große Mehrheit von Mitarbeitern oft nicht les- bzw. verstehbar. Eine Anpassung an das Bildungsniveau der Mitarbeiter muss erfolgen.
- Für die Akzeptanz von Mitteilungen sind das Ansehen des Mitteilenden, die Reihenfolge der Information und Merkmale des Empfängers (z. B. Alter, Geschlecht, Bildungsstand) wichtig.
- Kommunikationsversagen resultiert oft aus Voreingenommenheit, Vorurteilen, Stereotypen und starken emotionalen Assoziationen bestimmter Worte.
- Je mehr Druck von oben erfolgt, desto ineffektiver ist die Kommunikation von unten, d. h. die Mitarbeiter sagen nur noch das, von dem sie annehmen, dass es der Vorgesetzte hören will.
- Oft besteht eine Unfähigkeit über den eigenen Tellerrand zu blicken: Mitarbeiter sagen nur das, was für sie unmittelbar wichtig ist.

2. Psychologie der Gruppe, das Arbeitsteam

2.1 Die Gruppe

2.1.1 Charakteristika von Gruppen

Obgleich der Begriff der Gruppe in der Alltagssprache häufig verwendet wird, erscheint es doch notwendig, ihn genau zu kennzeichnen. Damit sollen Missverständnisse vermieden werden.

Kennzeichen einer Gruppe
- zwei oder mehr Personen,
- die Gruppenmitglieder sind aufeinander bezogen und beeinflussen sich gegenseitig, d. h. die Gruppenmitglieder stehen in Interaktion,
- die Gruppenmitglieder haben mindestens ein gemeinsames Ziel oder Interesse,
- die Gruppenmitglieder haben gemeinsame Normen (Richtlinien für das Verhalten in der Gruppe),
- es besteht eine innere Organisation der Gruppe, d. h. unterschiedliche Rollen,
- es besteht ein Wir-Gefühl (es bildet die emotionale Basis für die Existenz der Gruppe und bildet die Basis für die Abgrenzung gegenüber anderen Gruppen).

Daneben ist es ebenso wichtig, den Begriff der Gruppe von anderen Pluralbegriffen abzugrenzen, die mindestens eins der o. g. Kennzeichen der Gruppe nicht erfüllen, z. B.:

- Menge (Personen, die zusammenkommen, ohne etwas miteinander zu tun zu haben, z. B. Warteschlange),
- Masse (aktivierte, gefühlsmäßig engagierte Menge, z. B. Zuschauer bei einem Fußballspiel),
- Klasse (abstrakte Einordnung von Menschen aufgrund gemeinsamer Merkmale, z. B. Arbeiterklasse),
- Verband (Klasse, die gemeinsame Ziele verfolgt, aufgabenorientiert und hierarchisiert ist, z. B. Gewerkschaft),
- Gesellschaft (organisierte Gesamtheit von Personen, bestehend aus einem Netzwerk von untereinander verbundenen Gruppen),

- Kultur (historisch gewachsenes System von Werken und Normen, das Einstellungen und Verhaltensweisen hervorbringt).

2.1.2 Gründe sich einer Gruppe anzuschließen oder sie zu gründen

Vielfach wird die Meinung vertreten, dass Menschen darauf angewiesen sind, Gruppen anzugehören. Da es sich in der Tat um ein tiefverwurzeltes Bedürfnis handelt, haben sich Sozialpsychologen schon seit längerer Zeit mit den Gründen beschäftigt, die Menschen dazu bewegen, sich einer Gruppe anzuschließen. Hierzu gehören u. a. folgende Beweggründe:

- Befriedigung primärer Bedürfnisse
  (sensu MASLOW, vgl. Kap. 4),
- Befriedigung sozialer Bedürfnisse
  (sensu MASLOW),
- Gefühl der Zugehörigkeit und gegenseitigen Unterstützung
  (sensu MASLOW),
- Entwicklung des persönlichen Eigenwertgefühls
  (sensu MASLOW),
- Bedürfnis nach Selbsteinschätzung
  (die eigene Stellung in der Gruppe kennen),
- gemeinsame Ziele erreichen.

2.1.3 Prozess der Gruppenbildung

Bei der Gruppenbildung lässt sich in der Regel eine regelmäßige Abfolge verschiedener Schritte feststellen:

1. Forming

Entstehungsphase: Klärung von Erwartungen, Rollen und Normen.

2. Storming

Konfliktphase: Rivalitäten, Positionskämpfe, Kämpfe um Macht und Einfluss.

3. Norming

Stabilisierungsphase: Normen und Rollen werden akzeptiert und es wird danach gehandelt.

4. Performing

Produktivitätsphase: Leistungen werden möglich durch Kooperation und Kreativität.

2.1.4 Gruppenbildende Faktoren

Die 4 oben beschriebenen Gruppenprozessgrößen lassen sich beim Gruppenbildungsprozess regelmäßig feststellen. Zusätzlich muss geklärt werden, welche Faktoren zur Gruppenbildung beitragen, d. h. wie es zum Zusammenschluss von verschiedenen Personen zur Gruppenbildung kommt. Diese Faktoren können sein:

Gruppenbildende Faktoren sind:

- Räumlich Nähe
- Gleichartigkeit der Einstellungen
- Gegensatzprinzip (sensu "Gegensätze ziehen sich an")
- Gruppenbildung nach der Exchange-Theory
  (rewards – costs = outcome, d. h. ich werde Mitglied in der Gruppe, die mir die meisten Vorteile zukommen lässt).

2.1.5 Normen und Rollen

2.1.5.1 Normen

Gruppen zeichnen sich dadurch aus, dass sie ihre Mitglieder auf bestimmte Normen verpflichten. Jedes Gruppenmitglied unterwirft sich diesen Normen, damit es in der Gruppe verbleiben kann. Von Gruppe zu Gruppe können sich diese Normen deutlich unterscheiden.

Kasten 2.1

Definition: Normen

Normen sind gemeinsame Richtlinien (ausgesprochene oder unausgesprochene) einer Gruppe darüber, welche Meinungen, Einstellungen, Verhaltensweisen richtig oder falsch sind (z. B. Vereinssatzung, Gesetze, Moralvorstellungen).

Norm-Funktionen

Für die Gruppenmitglieder erfüllen Normen eine Reihe wichtiger Funktionen:

- Normen geben einzelnen Mitgliedern Orientierung und der Gruppe Struktur und sind damit für die Zielerreichung von größter Bedeutung,
- Normen beeinflussen die Einstellung gegenüber der eigenen Gruppe und gegenüber fremden Gruppen und ihren Mitgliedern,

- Normen machen das Verhalten anderer Gruppenmitglieder vorhersagbar,
- Normen geben dem Einzelnen Sicherheit bezüglich seiner Einstellungen und Verhaltensweisen.

Darüber hinaus sind noch eine Reihe weiterer wichtiger Funktionen der Gruppennormen zu beachten:

- Das Normgefüge wird stark von dem/n Gruppenziel/en beeinflusst.
- Man unterscheidet zwischen *formellen* und *informellen* Normen.

Formelle Normen sind explizit formuliert und werden von einem Sender an den Adressaten übermittelt (z. B. Sicherheitsvorschriften am Arbeitsplatz).

Informelle Normen entwickeln sich aus den Gruppenaktivitäten heraus, ohne dass ein Sender eindeutig zu ermitteln wäre (z. B. gemeinsamer Spaziergang am Ende der Mittagspause).

Zu dem Begriff der "Normen" gehört auch der Begriff der "Sanktionen". *Sanktionen* sind Mittel, um Mitglieder einer Gruppe zu erwartungsgemäßem, normkonformem Verhalten zu bringen. Hierbei unterscheidet man zwischen positiven und negativen Sanktionen (analog den Verstärkern in der Lernpsychologie).

2.1.5.2 Rollen

Jede Gruppe entwickelt ein charakteristisches Rollensystem. Rolle und Position in einer Gruppe sind zwei Begriffe, die miteinander zu tun haben:

Die Position ist der Ort, den jemand in einem sozialen System einnimmt. Eine *"Rolle spielen"* meint, *Erwartungen*, die an eine bestimmte Position gestellt werden, zu erfüllen.

Die *Erwartung* umfasst dabei 2 wesentliche Aspekte:

- einen antizipatorischen Aspekt
- einen normativen Aspekt.

Die Antizipation einer Erwartung ist insofern wichtig, da sie hilft, sich z. B. bei einer neuen Stelle rollenkonform zu verhalten. Die Erwartung ist normativ, da sie in bestimmten Rollen ein bestimmtes Verhalten voraussetzt. Jemand der sich nicht an die *Rollenerwartung* hält, kann von der Gruppe bestraft werden (Verlust des Status), er kann die Gruppe aber auch verunsichern (Hausmann).

Rollen sind in einer Gruppe interdependent, d. h. aufeinander bezogen und voneinander abhängig: Keine Mutterrolle ohne Kind, keine Führerrolle ohne Untergebene.

Da die Menschen im allgemeinen mehreren Gruppen angehören, spielen sie auch sehr viele verschiedene Rollen. Hierbei kann es zu *Rollenkonflikten* kommen, wenn z. B. die Rolle des "guten Mitarbeiters" mit der Rolle des "guten Familienvaters" nicht in Einklang zu bringen ist.

Kasten 2.2

Weitere Überlegungen und Forschungsergebnisse zur Gruppe

Das Experiment von ASCH (1952) zur Konformität

Versuchspersonen (Vpn) mussten die Größe einer vorgegebenen Linie mit weiteren Linien vergleichen. Hierbei wurden sie zusammen mit jeweils mehreren Verbündeten des Versuchsleiters (Vl) befragt. Die Verbündeten gaben dabei absichtlich falsche Antworten ab. Bei den Vpn bestand eine z. T. recht große Neigung, sich dem Gruppendruck zu beugen und sich der falschen Antwort anzuschließen: Bis zu 37 % der Antworten bei Gruppengrößen von 7 - 15. Je schwieriger die Vergleichsaufgabe war, desto größer war die Neigung, sich der Gruppe anzuschließen.

Das MILGRAM-Experiment (1965) zum Gehorsam (Reaktion auf Autoritäten)

Die Probanden (Pbn) wurden vom Vl aufgefordert, Vpn für falsche Antworten bei einer Lernaufgabe mittels E-Schock zu bestrafen. Bei den Vpn handelte es sich ebenfalls um Verbündete des Vl. Dabei musste von Mal zu Mal die Stromstärke erhöht werden. Sie reagierten mit Schmerzensschreien.
Ergebnisse:
62 % der Pbn folgten bis zur höchsten Stufe der Stromstärke den Anweisungen des Vl;
40 % taten dies, wenn die Vpn nur einen halben Meter entfernt saßen, d. h. bei großer räumlicher Nähe;
30 % gehorchten sogar dann, wenn sie die Hand der Vpn auf eine Platte legen mussten, d. h. bei maximaler Nähe.

Die Ferienlager-Untersuchungen von SHERIF (1966)

SHERIF untersuchte in diesen Untersuchungen insb. das Verhalten zwischen zwei Gruppen. Die 3 Untersuchungsreihen umfassten jeweils 4 Phasen, die pro Phase ca. 3 - 4 Tage dauerten. An jeder Untersuchungsreihe waren ca. 2 Dutzend 12jährige Jungen beteiligt:

1. Phase
Die Jungen lernten sich kennen und hatten Gelegenheit spontan Freundschaften zu schließen.

2. Phase
Entgegen der spontanen Freundschaften wurden 2 Gruppen gebildet. Dies wurde zunächst von den Jungen als sehr negativ erlebt. Nach sehr wenigen Tagen bildeten sich jedoch 2 neue Gruppen, die "alten Freundschaften" spielten keine Rolle mehr.

3. Phase
Es kam zu Wettbewerbssituationen zwischen der "Wir-Gruppe" (zu der man selbst gehört) und der "Die-Gruppe" (die anderen). Die "Wir-Gruppe" wurde mit einem positiven Autostereotyp belegt, die "Die-Gruppe" mit einem negativen Heterostereotyp. Im Rahmen des Wettbewerbs zwischen den Gruppen kam es zu Raufereien, sich bewerfen mit Früchten und dem Verbrennen der "gegnerischen" Flagge.

4. Phase
Die Konflikte wurden von SHERIF beseitigt, indem

- ein gemeinsamer Gegner bekämpft werden musste,
- ein Vorteil nur durch gemeinsame Aktion erlangt werden konnte,
- eine gemeinsame Notsituation bewältigt werden musste (Wasserversorgung),
- ein Ausflug nur gemeinsam organisiert werden konnte.

Nach diesen Aktionen verschwanden die Unterschiede zwischen "Wir- und Die-Gruppe". Die Schüler erlebten sich einer Gruppe zugehörig.
Diese Ergebnisse sind generell bei Konfliktsituationen zwischen Gruppen zu beachten.

2.2 Teamarbeit

Neben dem Begriff der Gruppe gibt es den Begriff des Teams.

Im ersten Teil dieses Kapitels wurden die wesentlichsten Merkmale der Gruppe dargestellt. Insbesondere die Kommunikationsstruktur in Gruppen ist bedeutsam (Vergleiche Kap. 1 "Kommunikation").

In der betrieblichen Praxis verwendet man häufiger den Begriff "Team" als den Begriff der "Gruppe". Von den Merkmalen der Gruppe im allgemeinen wird beim Team besonders der Aspekt der *Leistungsorientierung* betont. Die Befriedigung sozial-emotionaler Bedürfnisse der Team(Gruppen)mitglieder bleibt im Hintergrund.

2.2.1 Teamarbeit in verschiedenen Kulturen

In verschiedenen Kulturen wird Teamarbeit unterschiedlich bewertet.

Aus Japan stammt die Aussage, dass ein Japaner einem Chinesen immer unterlegen sei, drei Japaner sind drei Chinesen aber immer überlegen, da sie sich in einem Team organisieren.

Die modernen Ansätze zur Teamarbeit stammen nicht selten aus Japan. Diese wollte man im Zuge der Erfolge der japanischen Wirtschaft auch in den USA und Europa einführen. Dabei blieb jedoch oft unbeachtet, dass die kulturellen Hintergründe in den drei Regionen sehr unterschiedlich sind. So kann durchaus bezweifelt werden, dass die Hierarchie der Motive nach MASLOW, mit der Selbstverwirklichung an oberster Stelle, in der japanischen Gesellschaft in gleicher Weise anzutreffen ist.

2.2.2 Die Teamzusammensetzung

Ein erfolgreiches Team hängt entscheidend von der, durch die Arbeitsaufgabe vorstrukturierten Teamzusammensetzung ab.

Eine wesentliche Unterscheidung ist hierbei der Unterschied zwischen *homogenen* und *heterogenen* Teams. Bei der Zusammensetzung von heterogenen Teams geht man so vor, dass sich die Fähigkeiten und Fertigkeiten der einzelnen Teammitglieder optimal ergänzen. Um welche Fertigkeiten und Fähigkeiten es sich hierbei handelt, kann dabei aus den sog. Schlüsselqualifikationen abgeleitet werden.

Allerdings ist zu beachten, dass bei aller Heterogenität die Kohärenz (Zusammenhalt) des Teams (der Gruppe) erhalten bleiben muss, d. h. die Unterschiede zwischen den Teammitgliedern dürfen nicht so groß werden, dass das Team auseinander fällt.

Wie unter diesen Prämissen ein heterogenes Team zusammengestellt werden kann, soll kurz dargestellt werden:

Es ist zu beachten, dass die Zusammenstellung eines heterogenen Teams dazu führen kann, dass bei der Personalauswahl nicht die leistungsstärkste Person ausgewählt wird, sondern die Person, die das Team in idealer Weise ergänzt. Diese Person kann z. B. über eine Fähigkeit oder Fertigkeit verfügen, die bislang in dem bestehenden Team nicht oder nur unzureichend repräsentiert ist. Stärken und Schwächen der einzelnen Teammitglieder gleichen sich aus.

2.2.3 Typologie von Arbeitsteams

Arbeitsteams lassen sich nach verschiedenen Merkmalen beschreiben. Hierbei kann man verschiedene Komponenten in den Fokus der Betrachtung stellen:

2.2.3.1 Gruppenmitglieder

Das wichtigste Unterscheidungskriterium stellt die Tatsache dar, ob es sich um eine homogene oder heterogene Gruppe handelt. Homogenität bzw. Heterogenität kann sich hierbei auf die unterschiedlichsten Attribute beziehen (Geschlecht, Alter, Bildung, etc.). Es kann sich um eine stabile und instabile (hohe Fluktuation der Mitglieder) Gruppe handeln.

2.2.3.1.1 Aspekte der Heterogenität

1. Demographische Attribute (Alter, Rasse, Ethnische Gruppe, Geschlecht, Sexuelle Orientierung, Physis, Religion, Bildung);
2. Aufgabenorientiertes Wissen, Fähigkeiten und Fertigkeiten;
3. Werte, Einstellungen, Überzeugungen;
4. Persönlichkeiten, sowie kognitive Stile und Verhaltensstile;
5. Status in der Organisation, der die Arbeitsgruppe angehört (Rang in der Organisation, Dauer der Zugehörigkeit, Einbindung in die Abteilung).

2.2.3.2 Projektarbeit als Beispiel für Teamtätigkeiten

Der Zweck einer Arbeitsgruppe ist u. a. die Erledigung von Aufgaben/Bearbeitung von Projekten. Jedes Projekt lässt sich durch die speziellen Anforderungen, die es an die Gruppenmitglieder stellt, beschreiben. Hierbei ist eine große Bandbreite verschiedener Möglichkeiten denkbar. Die wichtigste Unterscheidung besteht in der Differenzierung der Gruppenaufgabe gemäß

- Zielauswahl
- Technisches Problemlösen
- Konfliktlösungen
- Ausführen von Aufgaben

2.2.3.3 Technologie

Unter der Gruppentechnologie versteht man die spezifischen Techniken oder Werkzeuge, die der Gruppe zur Verfügung stehen, die Regeln der

Gruppe (innere Struktur der Gruppe), sowie die spezifischen Verhaltensweisen, die zur Erledigung von gestellten Aufgaben führen.

2.3 Ein Modell für heterogene Gruppen – Der Integrativ-Multikulturelle Ansatz –

Unterscheiden sich Mitglieder heterogener Gruppen in demographischen Variablen, haben sie in der Regel auch unterschiedliche kulturelle Identitäten. Die unterschiedlichen kulturellen Identitäten haben wiederum unterschiedliche soziokulturelle Erfahrungen und diese sind wiederum mit Unterschieden in Erfahrungen, Werten und Verhaltensweisen verknüpft. Darüber hinaus registrieren die Gruppenmitglieder diese Unterschiede und leiten aus diesen unterschiedliche Erwartungen über Verhalten und verschiedene Merkmale (Attribute) der Gruppenmitglieder ab.

Weiterhin sind die verschiedenen kulturellen Identitäten auch Träger unterschiedlicher Macht in einer Gruppe, d. h. Gruppenmitglieder, die aus eher starken Kulturen stammen, haben mehr Möglichkeiten sich durchzusetzen, als andere Gruppenmitglieder. Damit spielen diese Personen eine größere und bedeutsamere Rolle, als andere. Die Gruppenmitglieder aus weniger dominanten Kulturen müssen sich deshalb oft an die dominierenden Gruppenmitglieder anpassen.

Der Anpassungsprozess kann dabei auf verschiedene Art und Weise ablaufen:

1. Akkomodation (ein Anpassungsprozess in Richtung der dominanten Kultur);
2. Überanpassung (die Gruppenmitglieder verhalten sich überangepasst);
3. Kulturelle Betonung (die Gruppenmitglieder betonen die eigenen kulturellen Eigenarten).

Diese Prozesse sind beobachtbar bei Arbeitsgruppen aus verschiedenen Ländern, bei Arbeitsgruppen aus einem Land, in dem jedoch ein deutliches Gefälle zwischen verschiedenen sozialen Gruppen besteht, oder bei Arbeitsgruppen, die aus Männern und Frauen zusammengesetzt sind.

Kasten 2.3

Die Prozesse der Konvergenz im Überblick

Akkomodation

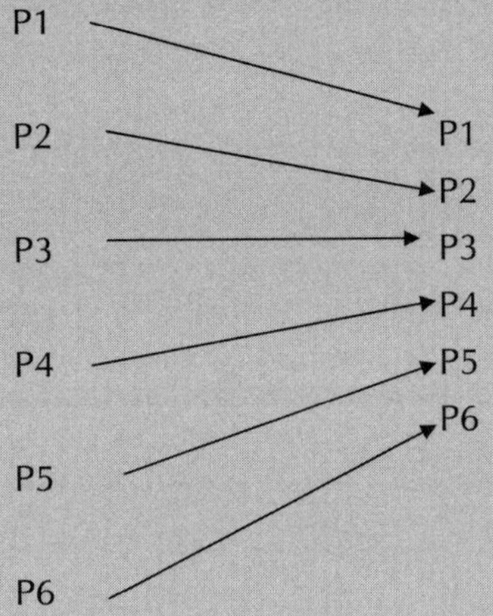

Überanpassung

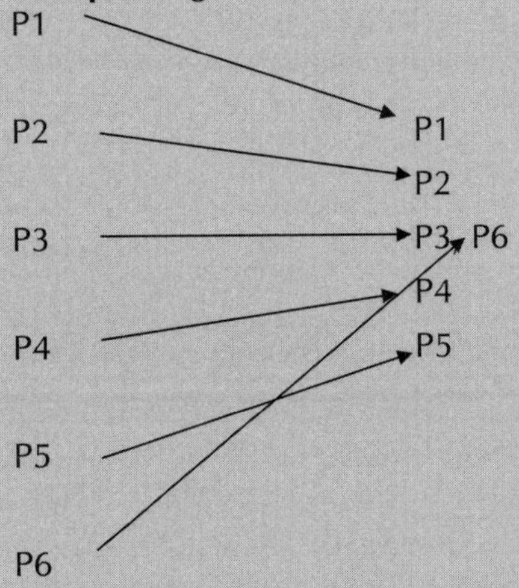

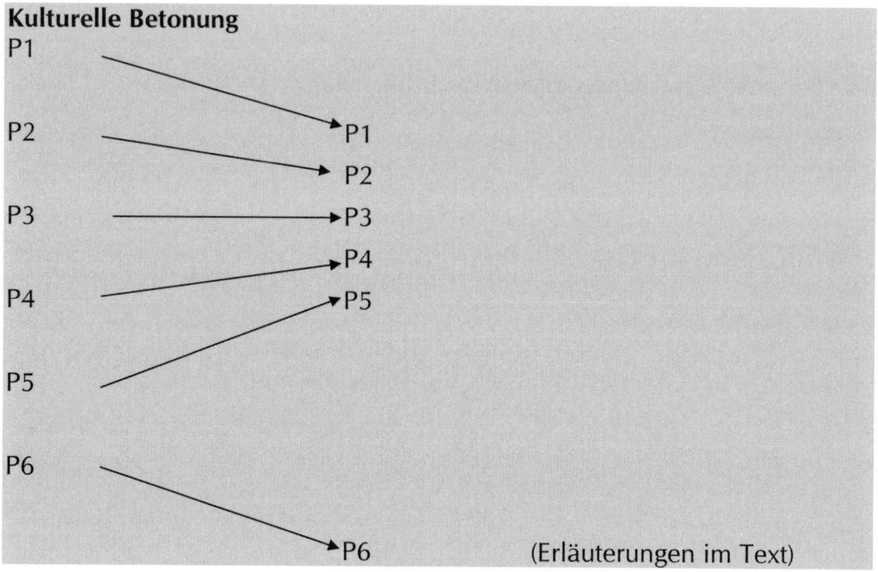

2.3.1 Die Dynamik der Heterogenität

Es gibt Aspekte der Heterogenität, die unveränderbar sind, wie z. B. Geschlecht, Alter, Dauer der Zugehörigkeit zu der Organisation. Andere Aspekte sind hingegen durchaus veränderlich, insbesondere Verhaltensweisen, Einstellungen, Werte und Überzeugungen. Im Allgemeinen kommt es zu einer Konvergenz der zuletzt genannten Variablen. Je intensiver die Zusammenarbeit in einer Arbeitsgruppe ist, desto schneller und intensiver kommt es zur Konvergenz. Dies führt zu einem größeren Zusammenhalt der Gruppenmitglieder (Konvergenz). Daneben sind noch die Begriffe Differenzierung und Akkulturation (Hineinwachsen in eine Kultur) bedeutsam.

Differenzierung bedeutet, dass sich im Laufe der Zeit die verschiedenen Rollen in einer Arbeitsgruppe immer stärker voneinander unterscheiden. Die innere Struktur der Arbeitsgruppe wird immer komplizierter.

Das sich Aneignen der vorherrschenden Struktur ist ebenfalls in Arbeitsgruppen zu beobachten: Ein Ingenieur, der sich zusammen mit vielen Verwaltungsbeamten in einer Arbeitsgruppe befindet, z. B. in einer Baubehörde, wird im Laufe der Zeit immer stärker Überzeugungen und Verhaltensweisen der übrigen Gruppenmitglieder übernehmen.

2.3.2 Typen von Arbeitsgruppen

2.3.2.1 Crew (Mannschaft, Besatzung)

Bei einer Crew ist das Projekt/die Aufgabe exakt definiert. Es ist allgemein bekannt, welche spezifischen Fähigkeiten und Fertigkeiten zur Aufgabenerledigung benötigt werden. Jedes Mitglied einer Crew hat einen genau definierten Aufgabenbereich.

Die Aufgabenerledigung steht hierbei im Vordergrund. Die Mitglieder einer Crew sind deswegen leicht austauschbar.

2.3.2.2 Task Force (Sondereinheit, Projektgruppe)

Man spricht von einer Task Force, wenn ein spezifisches Projekt durchgeführt werden soll. Die Gruppenmitglieder werden so ausgewählt, dass sie in der Lage sind mit ihren Fähigkeiten und Fertigkeiten die Aufgabe zu bewältigen. Anschließend wird die Arbeitsgruppe wieder aufgelöst. Die Anforderungen des Projekts stehen hierbei im Vordergrund.

2.3.2.3 Team (Arbeitsgruppe im engeren Sinn)

Von einem Team spricht man, wenn in einer Organisation eine Arbeitsgruppe in der Weise zusammengestellt wird, dass die Fähigkeiten und Fertigkeiten der Teammitglieder sich in idealer Weise ergänzen. Eine möglichst breite Spanne verschiedener Fähigkeiten und Fertigkeiten soll hierbei berücksichtigt werden. Das Team bleibt nicht nur für die Bearbeitung eines einzigen Projekts bestehen, sondern (mindestens) für die Bearbeitung einer Vielzahl von unterschiedlichen Projekten.

Die Teammitglieder stehen hierbei im Vordergrund. In letzter Zeit gehen immer mehr Arbeitgeber dazu über, neue Mitglieder so auszuwählen, dass deutliche Unterschiede bzgl. deren Fähigkeiten bzw. Fähigkeiten zu den bereits vorhandenen Mitarbeitern bestehen. Hierbei sind jedoch eine Reihe von Anpassungsschwierigkeiten zu überwinden.

Kasten 2.4

Weiterer Begriff zum Team

Qualitätszirkel

Mitarbeiter unterschiedlicher Hierarchiestufen suchen gemeinsam nach Verbesserungsmöglichkeiten in ihrem Arbeitsbereich. Ein Qualitätszirkel besteht in der Regel aus 6 - 10 Personen und wird von einem speziell ausgebildeten Moderator geleitet. Die Treffen finden in der Regel während der Arbeitszeit statt, die Teilnahme ist freiwillig.
Die Qualitätszirkel wiederum werden von übergeordneten Instanzen koordiniert, das Topmanagement bewertet die Ergebnisse der Qualitätszirkelarbeit und prüft, ob diese (die Ergebnisse) mit den Zielen der Institution übereinstimmen.

3. Stress – Bedeutung und Folgen

3.1 Stress – wichtig zum Überleben

Die Stressreaktion ist eine, nicht nur beim Menschen, weit verbreitete Reaktion. Im Laufe der Geschichte der Menschheit hat die Stressreaktion bisher mehr Menschenleben gerettet, als die Gesundheit von Menschen geschädigt. Erst in diesem Jahrhundert hat sich das Bild gewandelt:

Eine Vielzahl sog. Zivilisationskrankheiten (Bluthochdruck, Magengeschwüre, Einschränkungen im Immunsystem, Herzinfarkt) werden durch Stress in ihrer Entstehung oder im Verlauf beeinflusst. Das bedeutet eine zunächst biologisch vernünftige Reaktion hat zunehmend negative Auswirkungen auf das Wohlbefinden. Deshalb ist es notwendig, zunächst die Stressreaktion zu erläutern und erst in einem zweiten Schritt auf deren Probleme einzugehen.

3.2 Die Stressreaktion nach SELYE (1950)

Das englische Wort "stress" bezeichnet zunächst einmal eine beliebige Kraft, die auf ein Objekt einwirkt (der Begriff stammt aus der Technik). Dieses Objekt kann dieser Kraft zunächst standhalten und leistet Widerstand (engl. strain). Wird die Kraft zu stark, reicht der Widerstand nicht mehr aus und das Objekt wird zerstört. Diese aus der Technik stammende Analogie wurde exakt ins menschliche Verhalten übertragen:

Eine Person wird durch ein Problem belastet. Je nach der Persönlichkeit dieser Person werden Kräfte aufgeboten, das Problem zu lösen. Kommen weitere Probleme hinzu oder ist das Problem zu groß, wird der Widerstand des Menschen überwunden, er wird mit dem Stress nicht mehr fertig und wird krank.

Den Ablauf dieser Reaktion kann man sich folgendermaßen vorstellen:

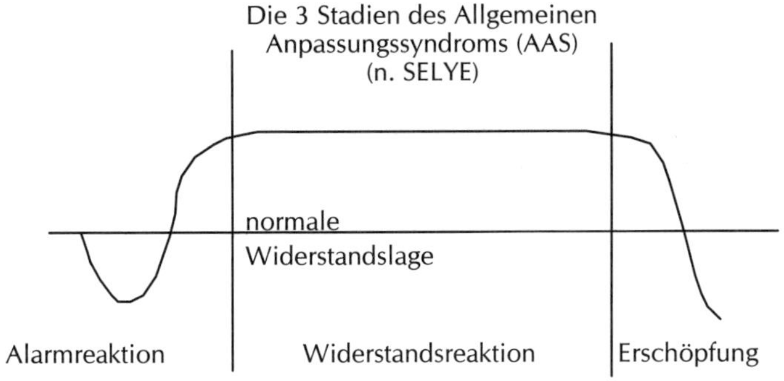

Abb. 3.1: Das Allgemeine Anpassungssyndrom nach SELYE (1950)

Während der Stressreaktion ist der Organismus höchst aktiv und es werden eine Reihe von Hormonen der Nebenniere ausgeschüttet, die den Organismus zum Kampf befähigen oder zur Flucht verhelfen sollen.

Der Organismus (Mensch) reagiert entweder *aktiv* (Kampf, Flucht) oder *passiv* (Depression, gibt sich auf). Diese sog. Stressreaktion ist unspezifisch, d. h. es erfolgt unabhängig vom Auslöser immer die gleiche Reaktion.

Auslöser der Stressreaktion werden Stressoren genannt. Es gibt Stressoren, die bei allen Menschen wirksam sind, andere sind nur bei manchen Menschen wirksam. Bei diesen individuellen Stressoren spielen Vorerfahrungen eine herausragende Rolle.

Kasten 3.1

Stressoren	
• übermäßige Hitze oder Kälte	
• Sauerstoffmangel	
• giftige Chemikalien	
• Infektionen	
• schwere körperliche Anstrengungen	
• starke Aufregungen	(sehr wichtig)
• Angst	(sehr wichtig)
• Wut	(sehr wichtig)
• sehr große Freude	
• Gedanken	(besonders wichtig)

3.3 Die Bedeutung der Stressreaktion oder: Warum reagiert der Körper mit der Stressreaktion auf die Stressoren?

Die Stressreaktion ist zunächst eine sinnvolle Antwort des Organismus auf eine u. U. lebensbedrohliche Situation, denn sie befähigt den Menschen auf eine Bedrohung hin zu flüchten, oder sich einem Kampf zu stellen. Die Stressreaktion macht den Körper bereit für diese Aufgaben, indem:

- die Blutgerinnungsfähigkeit verbessert wird,
- das Blut verstärkt in die Extremitäten strömt,
- Darm und Blase entleert werden,
- das Cholesterin im Blut zunimmt,
- die Schmerzempfindlichkeit herabgesetzt wird.

Diese kurzfristigen physiologischen Veränderungen verschwinden, sobald der Stressor nicht mehr wirksam ist bzw. nicht mehr wahrgenommen werden kann. Dieses Bild ändert sich jedoch, wenn dem Stressor nicht durch Flucht ausgewichen werden kann oder dieser nicht erfolgreich bekämpft werden kann oder ständig weitere Stressoren hinzukommen.

In diesen Fällen kann die Stressreaktion nicht beendet werden, es kommt zu Erschöpfung (vgl. Ablauf der Stressreaktion nach SELYE). Im Extremfall kann der Tod eintreten.

Besonders schädlich sind folgende physiologische Veränderungen:

- Erhöhter Cholesterinspiegel
- Bluthochdruck
- Erkrankungen der Herzkranzgefäße
- erhöhte Herzschlagrate
- Infektionserkrankungen
- Depressionen
- Autoimmunerkrankungen
- verminderte Libido
- Impotenz

3.4 Die positive Seite des Stress: Der Eustress

Stress hat aber auch eine "gute" Seite.

So konnte man nachweisen, dass es neben dem schädlichen Stress (Disstress) auch eine Form des guten Stress (Eustress) gibt. Dies hat zur Folge, dass milde Formen der Anspannung und Nervosität, die mit den gleichen physiologischen Phänomenen einhergehen, die für die Stressreaktion typisch sind (s. o.) dazu führen, dass die meisten Personen in diesem Zustand zu höheren Leistungen fähig sind, als in einem von völliger Entspannung gekennzeichneten Zustand.

Dies gilt allerdings nicht für Personen, bei denen die Emotionale Labilität besonders ausgeprägt ist (vgl. Persönlichkeitsmodelle zum Konstrukt "Emotionale Labilität").

Weiterhin ist zu bemerken, dass Frauen mit Stress sehr viel besser fertig werden als Männer; insbesondere leichtere Formen des Stress führen zunächst sogar zu einer Leistungssteigerung, während Männer, die dem Stress in gleichem Umfang ausgesetzt sind, bereits mit Leistungsversagen reagieren.

3.5 Life-Event Forschung

Wie bereits früher dargelegt, kann Stress eine Reihe schwerwiegender gesundheitlicher Konsequenzen haben.

Bereits 1967 fiel HOLMES und RAHE auf, dass sich im Vorfeld psychischer und physischer Erkrankungen bei vielen Menschen eine Reihe einschneidender Veränderungen im Leben der Betroffenen ereigneten.

Sie stellten die Hypothese auf, dass eine Erkrankung wahrscheinlicher wird, wenn viele bedeutungsvolle Erlebnisse (life events) stattgefunden haben. Sie entwickelten eine Skala, bei der einer Vielzahl von Ereignissen ein bestimmter Belastungswert zugeordnet wurde. Je nach Höhe der Gesamtsumme der Einzelereignisse innerhalb eines bestimmten Zeitraums, konnten stressabhängige Erkrankungen bei den betroffenen Personen beobachtet werden.

Die folgende Tabelle zeigt eine Auswahl der Lebensereignisse mit den entsprechenden Belastungswerten:

01.	Tod des Ehepartners	100
02.	Scheidung	73
06.	Schwere Krankheit oder Verletzung	53
08.	Kündigung durch Arbeitgeber	47
13.	Sexuelle Schwierigkeiten	39
18.	Wechsel zu anderer Arbeit	36
22.	Größere Veränderungen im Verantwortungsbereich bei der Arbeit	29
23.	Sohn oder Tochter zieht aus	29
27.	Beginn oder Ende der Ausbildungszeit	26
30.	Schwierigkeiten mit dem Vorgesetzten	23
31.	Größere Veränderung in Arbeitszeiten oder -bedingungen	20
32.	Wohnortwechsel	20
41.	Ferien	13
42.	Weihnachten	12
43.	Geringe gesetzliche Vergehen (z. B. im Straßenverkehr)	11

"Gefährlich" wird es bei 200 und mehr Punkten in einem Jahr oder mehr als 300 Punkten in 2 Jahren.

Es ist erkennbar, dass die Arbeit/der Arbeitsplatz durchaus eine große Quelle für Stress darstellt.

Zum Schluss dieser Darstellung soll noch der Hinweis gegeben werden, dass man sich das Vorgehen in der Life-Event Forschung nicht so vorstellen darf, dass einfach die entsprechenden Werte addiert werden. Darüber hinaus sind noch eine Reihe weiterer Daten zur Persönlichkeit, den Lebensumständen usw. in Betracht zu ziehen!

Durch die Beachtung dieser Variablen konnte die Life-Event Forschung in den letzten Jahren bessere Erfolge in der Vorhersage stressbedingter Erkrankungen erzielen. (SARAFINO, 1999)

Kasten 3.2

Stressfolgen: "Zivilisationserkrankungen"

Man kann folgende Unterscheidungen treffen:
Typ A ("Ich packe es") (Angriffstyp)
Herz-Kreislauf-Erkrankungen: Bluthochdruck, Hirnschlag, Herzinfarkt
Typ B ("Ich schlucke alles") (Fluchttyp)
Magen-Darm-Erkrankungen: Magengeschwür, chronische Erkrankungen des Magen-Darm-Bereichs, Magen/Darmkrebs.

3.6 Weitere Modellvorstellungen zum Thema Stress

Neben dem psychophysiologisch orientierten Ansatz von SELYE, können eine Reihe von psychologischen Stresstheorien oder Stressmodelle genannt werden. Hierzu gehört auch das weiter unten beschriebene Konzept des P-E-Fit (3.7.2), das bei einigen Autoren auch P-E-Misfit genannt wird.

Daneben sind noch folgende Modelle zu nennen:

3.6.1 Stress aufgrund eines operanten Konditionierungsvorgangs

nach dem Modell des operanten Konditionierens, das auf B. F. Skinner zurückgeführt werden kann, lässt sich Stress mit dem Begriff des operanten Konditionierens erklären. Es wird eine Verhaltensanalyse mit den Variablen

- S (Stimli)
- O (Organismus)
- R (Reaktion)
- K (Konsequenz)

durchgeführt, wobei S die stressauslösende Situation (Stressor), O die körperliche Reaktion des Organismus (Angespanntheit, Angst, Nervosität, Aggressivität usw.), R die Reaktion auf den Stressor (Angriff, Flucht, Erstarrung) und K die Konsequenz auf das Stressverhalten (Verstärkung, Bestrafung, usw.) darstellt.

3.6.2 Der Coping-Ansatz (LAZARUS et al)

Nach LAZARUS stellt die Stressreaktion ein Bewältigungsversuch einer Person in einer bedrohlichen Situation dar.

Das Konzept der Kontrolle spielt hierbei eine herausragende Rolle. Solange die Person meint, dass sie die Situation bewältigen kann und demzufolge Kontrolle ausüben kann, kann sie den Stressoren gewachsen sein. Das innere Gleichgewicht kann wieder hergestellt werden.

Ist die betroffene Person hingegen der Meinung, dass sie keine Kontrolle in der Situation hat, reagiert sie mit Angst, Wut oder psychosomatischen Beschwerden. Die Reaktion richtet sich nach dem Ausmaß der erlebten Bedrohung.

Kasten 3.3

Stress und Geschlecht

Es gibt einen deutlichen Unterschied zwischen Männer und Frauen in deren Reaktion auf Stress:
Frauen können Stress besser verarbeiten als Männer. Während bei Männern in Stresssituationen die Leistungsfähigkeit unmittelbar abnimmt, zeigt sich bei Frauen ein anderes Bild. Stress ist für Frauen zunächst leistungsfördernd. Das Leistungsversagen ist erst bei noch größerem Stress zu beobachten.
Auch in anderen, nicht unmittelbar leistungsbezogenen Situationen zeigt sich immer wieder die Überlegenheit des weiblichen Geschlechts beim Umgang mit Stress.

3.7 Besondere Stresssituationen

3.7.1 Arbeitslosigkeit

Es gibt eine Vielzahl von Untersuchungen die belegen, dass Arbeitslosigkeit in unserer Industriegesellschaft einen entscheidenden Stressfaktor darstellt. Bereits in den 30er Jahren dieses Jahrhunderts konnte Marie JEHODA dies eindeutig belegen, als sie sich mit den "Arbeitslosen von Marienthal" in Österreich beschäftigte. Dort hatten im Laufe der Weltwirtschaftskrise alle Menschen ihren Arbeitsplatz verloren. In kürzester Zeit erlitten viele Betroffene schwerwiegende Depressionen, die Selbstmordrate stieg dramatisch an.

In späteren Untersuchungen in den 80er Jahren konnte M. JEHODA ihre Ergebnisse im Wesentlichen bestätigen.

Eine andere Untersuchung aus den 80er Jahren, in deren Verlauf 500 schwedische Arbeiter untersucht wurden, deren Firma von Schließung bedroht war, zeigt folgende Ergebnisse:

Als die Schließung des Werkes noch in der Schwebe war, zeigten alle Arbeiter eine erhöhte Nebennierenaktivität, d. h. es wurden sehr viele Stresshormone (Cortisol) ausgeschüttet. Gleichzeitig klagten sie über Unlust und Lebensangst. Bei den Arbeitern, die rasch einen neuen Arbeitsplatz (nach der Schließung) fanden, normalisierten sich die Cortisolausscheidungen sehr rasch. Bei den übrigen Arbeitern hingegen stieg die Cortisolrate stetig an, ebenso die Depressionsrate. Weiterhin verschlechterte sich das Immunsystem kontinuierlich.

In einer weiteren Untersuchung kam BRENNER (1983) zu dem Ergebnis, dass ein Anstieg der Arbeitslosigkeit um 1 % dazu führt, dass 2 % mehr Personen durch Herzinfarkt und Zirrhose, sowie 4 % mehr durch Selbstmord umkommen. Gleichzeitig stieg die Einweisungsrate in psychiatrische Kliniken um 4 % an.

3.7.2 P-E-Fit

P-E-Fit bedeutet Person-Umwelt-Übereinstimmung (i. S. v. CAPLAN et al. 1982). Das Konzept des P-E-Fit geht davon aus, dass der Stress am Arbeitsplatz umso geringer ist, je höher die Übereinstimmung von Fähigkeiten und Wünschen der Person mit den Anforderungen und Arbeitsumständen der jeweiligen Tätigkeit ist. Stress tritt dann auf, wenn Personen entweder über- oder unterfordert sind. Auch ist die Arbeitszufriedenheit dann am größten, wenn weder Unter- noch Überforderung vorliegt.

Deshalb ist es immer wichtig, die richtigen Personen für die Arbeitsplätze auszuwählen. Der Personenauswahl kommt deshalb eine entscheidende Bedeutung zur Abwehr von Stress am Arbeitsplatz zu.

3.7.3 Stress bei Managern

War man früher überwiegend der Ansicht, dass insbesondere Spitzenmanager die höchste Stressbelastung aufweisen, zeigte sich beim näheren Hinsehen ein anderes Bild:

Insbesondere das sog. Mittlere Management (in der Verwaltung überwiegend Sachgebietsleiterfunktionen) hat die höchsten Stressbelastungen. Dies liegt daran, dass dieser Personenkreis kaum eigene Entscheidungsbefugnisse hat und voll der Kontrolle des Spitzenmanagements unterliegt.

Dieser Kontrollverlust, bei gleichzeitig hoher Belastung, stellt wahrscheinlich die Quelle für die hohe Stressbelastung dar. Hinzu kommt sicherlich die Unsicherheit über den weiteren Karriereverlauf: "Wird es weiter vorangehen, oder ist die Karriere beendet".

Weiterhin ist zu bedenken, dass sich diese Personen in einem Alter befinden, in dem sich auch viele andere Stressfaktoren zunehmend bemerkbar machen (vgl. Life-Events).

Vor diesem Hintergrund ist der Abbau von Hierarchien sicherlich ein Schritt in die richtige Richtung. Allerdings wird man beachten müssen, ob sich diese Stressbelastung dann nicht aller Mitarbeiter bemächtigt.

3.7.4 Das Burnout-Syndrom

Unter burnout versteht man eine spezielle Form des Stresses, wie er besonders häufig bei Menschen in sogenannten "Helfenden Berufen" vorkommt. Wörtlich übersetzt bedeutet das Wort "Ausbrennen". Es ist das Ergebnis ständiger emotionaler Belastung im Zusammenhang mit dem andauernden Einsatz für andere Menschen. Besonders betroffen hiervon sind u. a.:

- Krankenpfleger/innen
- Erzieher/innen
- Lehrer/innen
- Sozialpädagogen/innen
- Psychologen/innen
- Mitarbeiter/innen von Sozialen Einrichtungen (auch Sozialämtern)

Das Burnout entsteht durch den Gedanken der Betroffenen, dass sie ihrem Klientel nicht mehr helfen können, dass sie alles gegeben haben (ARONSON et al. 1985). Alle Aspekte der Tätigkeit werden negativ gesehen. Hinzu kommen auch psychosomatische Beschwerden, wie z. B. Magen-Darm-Beschwerden, Kopfschmerzen und eine erhöhte Anfälligkeit gegenüber Infektionen. Die Betroffenen fühlen sich hilflos und engagieren sich kaum noch für ihre Klientel. Ihre Arbeitszufriedenheit (AZ) und ihr Commitment ist sehr gering. Die Betroffenen benötigen dringend soziale Unterstützung. Hierbei kann die Familie eine wichtige Rolle übernehmen. Daneben ist die Supervision eine gute Möglichkeit mit dieser Stresssituation fertig zu werden.

Kasten 3.3

Stressbewältigung

Es werden eine Reihe von Möglichkeiten angeboten, mit Stress besser fertig zu werden. Die bekanntesten sind hierbei:

- Autogenes Training
- Meditation
- Progressive Muskelentspannung nach JAKOBSON
- Supervision
- Erlernen sinnvoller Coping-Strategien
- Sport
- Pausen einlegen
- Nicht zu viel auf einmal verändern
- Nein-sagen lernen, grenzen setzen

Bei der Auswahl einer persönlichen Strategie kann man nur den Rat geben, verschiedene Strategien auszuprobieren, um die für sich beste Strategie zu erlernen und kontinuierlich zu betreiben.

Die beste Strategie am Arbeitsplatz würde jedoch darin bestehen, das Konzept des P-E-Fit verstärkt einzusetzen und damit Stress zu verhüten.

3.8 Die Zunahme der Stressbelastung durch die Arbeitstätigkeit

Es muss die Frage diskutiert werden, ob die Stressbelastung durch die Arbeitstätigkeit in den letzten Jahren zugenommen hat.

Es gibt einige Anzeichen dafür, dass diese frage mit "Ja" beantwortet werden muss. Zwar gehen die körperlichen Belastungen durch die Arbeitstätigkeit stetig zurück, jedoch sind eine Vielzahl von Variablen zu definieren, die zeigen, dass dieser Effekt aufgehoben wird.

An dieser Stelle seien einige Aspekte genannt, die die Hypothese der Zunahme des Stresses belegen können:

Wie bereits ausgeführt wurde, stellt drohende oder tatsächliche Arbeitslosigkeit eine extreme Stressbelastung dar. Die Arbeitslosenquote ist in den meisten Industrienationen in den letzten Jahren angestiegen.

Durch Produktivitätssteigerungen ist die Arbeitsdichte für viele Beschäftigte stark angestiegen. Es wird seitens der Unternehmen gehandelt nach der Devise: "Fordere das Unmögliche – dann wird mehr möglich".

Spannungen zwischen den Gewinnern und Verlierern dieser Entwicklung führen zunehmend zu Problemen. Dies gilt sowohl zwischen Staaten, innerhalb von Staaten und auf der persönlichen Ebene.

Global agierende Unternehmen fühlen sich nicht mehr verantwortlich für regionale oder lokale Probleme, wie sie z. B. durch die Verlagerung von Produktionsstätten entstehen.

Die Flexibilisierung von Arbeitszeiten und Arbeitsformen führt auf lange Sicht zu einem Anstieg der burnout-Erkrankungen.

Folgen dieser Veränderungen zeichnen sich bereits heute ab oder sind in Kürze zu erwarten:

Das Commitment der Mitarbeiter sinkt ständig. Dies geht einher mit einem Absinken der Lebenszufriedenheit.

Infolge der hohen Arbeitsdichte kommt es vermehrt zu Erschöpfungszuständen, was sich wiederum in erhöhten Krankenständen niederschlägt.

In den USA ist die durchschnittliche Lebensdauer bereits wieder gesunken.

Das brechen von Fairnessregeln durch das Management führt zu einer mangelnden Identifikation der Beschäftigten mit ihrem Unternehmen. Die Beschäftigten sind bestrebt, Kosten und Nutzen wieder in ein ausgewogenen Verhältnis zu bringen (Austausch-Theorien). (Vergl. FEUERSTEIN, 2003)

3.9 Stressprävention, Stressvermeidung und Stressbewältigung

Stressprävention stellt eine wichtige Management-Aufgabe dar. Insbesondere durch ein angemessenes Führungsverhalten lassen sich bestimmte Aspekte der Stressbelastung minimieren.

- "Es muss verstärkt mit stumpfen Bleistift gerechnet werden"

- Soziale Unterstützungen am Arbeitsplatz schaffen (Coaching, Personalberatungsstellen, Supervision).
- Realistische Zielvereinbarungen treffen, das Erreichen der Ziele würdigen.
- Die Eigenverantwortlichkeit fördern, Hierarchien abflachen.

Daneben sind eine Reihe von Bewältigungsmöglichkeiten gegeben, die auch bereits in *Kasten 3.3* dargestellt sind.

4. Arbeitszufriedenheit, Arbeitsmotivation und Commitment

4.1 Arbeitszufriedenheit

Neben den psychologischen Theorien zur Arbeitszufriedenheit, von denen einige kurz dargestellt werden sollen, gibt es noch eine Reihe von Laientheorien, die immer wieder diskutiert werden:

- Eine hohe Arbeitzufriedenheit führt dazu, dass das Personal zu satt ist und keine Leistung mehr erbringen will.
- Nur zufriedene Mitarbeiter bringen auch gute Leistungen.

Beweise zu diesen Thesen werden in der Regel nicht vorgebracht. Dies ist der entscheidende Unterschied zu den psychologischen Theorien: Die Autoren sind bestrebt, ihre Vorstellungen durch geeignete Untersuchungen in der Praxis zu untermauern. Aus diesem Grund wird im folgenden Kapitel ausschließlich auf die psychologischen Theorien zur Arbeitszufriedenheit eingegangen.

Die ersten psychologischen Erkenntnisse zur Bedeutung der Arbeitszufriedenheit für den Arbeitsprozess stammen aus den 20er Jahren (Beginn der Untersuchungen 1924).

MAYO (1933) untersuchte den Zusammenhang zwischen der Beleuchtungsstärke und der Arbeitsleistung in den Hawthorne-Fabriken. Dabei kamen sie zu einem überraschenden Ergebnis: Die Arbeitsleistung verbesserte sich nicht nur bei einer Verbesserung der Beleuchtungsverhältnisse am Arbeitsplatz (was zu erwarten war), sondern auch, wenn sich die Beleuchtungsverhältnisse absolut verschlechterten. Dieses widersprüchliche Ergebnis wurde später damit erklärt, dass allein die intensive Beschäftigung mit den Belangen der Mitarbeiter dazu führte, dass diese mehr leisteten. Sie fühlten sich wohler (zufriedener) bei ihrer Arbeit, da sie den Eindruck hatten, dass andere sich dafür interessierten, d. h. sie hatten insgesamt ihre Einstellung zur Arbeit verändert.

MAYO und seine Mitarbeiter entwickelten aus diesen Ergebnissen noch keine Theorie zur Arbeitszufriedenheit. Dies erfolgte erst sehr viel später. Der Effekt, den sie beobachteten, wird heute als HAWTHORNE-EFFEKT bezeichnet.

4.1.1 Die ZWEI-FAKTOREN-THEORIE von HERZBERG (1959)

Von HERZBERG et al. stammt die Idee, Motivatoren in zwei Gruppen zu unterteilen. HERZBERG geht davon aus, dass nur bestimmte Faktoren im Arbeitsleben motivierend wirksam sind und zur Arbeitszufriedenheit führen, während andere Faktoren lediglich einer Demotivierung und damit Arbeitsunzufriedenheit entgegenwirken.

Motivatoren

- Anerkennung
- Verantwortung
- Eigenes Vorwärtskommen
- die Arbeit selbst
- Leistungserfolg
- Entfaltungsmöglichkeiten

Hygiene-Faktoren

- Gehalt
- Kollegen
- Möglichkeit zu interpersonellen Kontakten mit anderem Status
- Führungstechniken
- Firmenpolitik und -leitung
- physische Arbeitsbedingungen
- Arbeitsplatzsicherheit
- Persönliches

Diese Teilung bedeutet inhaltlich, dass die Anwesenheit von Hygiene-Faktoren lediglich Arbeitsunzufriedenheit verhindert, nichts aber zur Arbeitszufriedenheit oder -motivation beiträgt.

Nur die Motivatoren sind in der Lage, die Arbeitszufriedenheit bzw. die Arbeitsmotivation zu steigern. Diese Untersuchung verdient insbesondere bei der aktuellen Diskussion im öffentlichen Dienst große Beachtung.

Zufriedenheit wird nicht durch die äußeren Arbeitsumstände, sondern durch die Arbeitsinhalte sichergestellt. Der Sinngehalt der Arbeit ist sensu HERZBERG wichtiger, als z. B. ein kooperativer Führungsstil.

Allerdings muss eingeräumt werden, dass die Theorie eine Reihe von Mängeln aufweist:

- Es lassen sich aus der Theorie keine konkreten Maßnahmen ableiten;
- Das Konzept der Zufriedenheit ist unzureichend operationalisiert;
- Die empirischen Grundlagen sind widersprüchlich und nicht eindeutig.

Trotz dieser Mängel hat HERZBERG wie kein anderer zu weiteren Forschungen Anlass gegeben. (Außerdem ist zu diskutieren, ob es tatsächlich ein Mangel ist, wenn konkrete Maßnahmen in die individuelle Verantwortung der Vorgesetzten gelegt werden.)

4.1.2 Die Hierarchie der Bedürfnisse nach MASLOW (1943)

MASLOW differenziert verschiedene Bedürfnisse des Menschen in einer Bedürfnishierarchie. Dabei geht er davon aus, dass übergeordnete Bedürfnisse (Wachstumsmotive) erst dann relevant werden können, wenn die untergeordneten Bedürfnisse/Motive erfüllt sind.

Er postuliert folgende Hierarchie der Bedürfnisse:

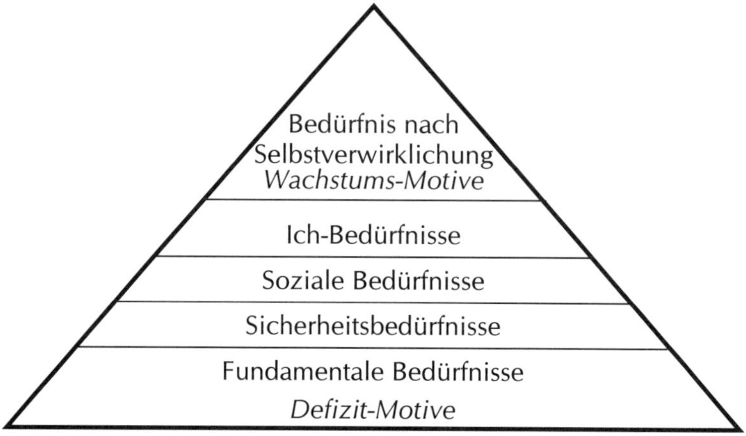

Diese Hierarchie der Bedürfnisse ließ sich in der Realität nicht nachweisen. Der Grund hierfür ist in erster Linie darin zu sehen, dass sich Fragestellungen, z. B. in Fragebögen nur in den seltensten Fällen eindeutig einer Stufe der Hierarchie zuordnen ließen.

Auf der anderen Seite liegen Untersuchungen vor, die zeigen, dass in erster Linie Fragebogenitems, die die Selbstverwirklichung thematisieren, für die Arbeitsmotivation bzw. die Arbeitszufriedenheit von herausragender Bedeutung sind (SCHÄFER 1986). Dieses Resultat ist umso deutlicher, je besser Defizit-Motive gleichsam erfüllt sind.

4.1.3 Die Gleichheits-Theorie (Equity-Theory) von ADAMS (1965)

Der Grundgedanke der Gleichheits-Theorie (sie geht zurück auf THIBBAUT und KELLEY 1965) lautet folgendermaßen: Jede Person ist darauf bedacht, in einer sozialen Beziehung für ihren "Einsatz" eine faire "Gegenleistung" zu bekommen. Es wird ein "sozialer Vergleich" vorgenommen: jede Person erwartet, im Vergleich mit anderen gerecht (fair, gleich) behandelt zu werden.

Erlebt eine Person ständig eine Ungleichheit am Arbeitsplatz (ich setzte mehr ein, als ich zurückbekomme), führt diese im Sinne FESTINGERs (1957) zu einer *Kognitiven Dissonanz*, die aufgelöst werden muss. Hierfür stehen verschiedene Möglichkeiten zur Verfügung:

- man verändert seine Inputs (arbeitet mehr oder weniger);

- man verändert seine Einstellung zur Bedeutung des Entgelts und zieht Befriedigung aus der Tätigkeit selbst, d. h. man vermindert nicht seine Leistung;
- man verzerrt den Wert seines Einsatzes ("mein Einsatz ist gar nicht so hoch");
- man wählt einen anderen Vergleichsmaßstab oder Vergleichsperson.

Bei dieser Theorie handelt es sich um eine kognitive Theorie, bei der Bewertungen von Situationen eine herausragende Rolle spielen.

Kasten 4.1

Kognitive Dissonanz

Man spricht von einer kognitiven Dissonanz, wenn man sich nicht gemäß seiner Einstellung verhalten kann.
Während normalerweise die drei Dimensionen einer Einstellung in Einklang stehen,

- Verhaltensdimension
- affektive Dimension
- kognitive Dimension

trifft dies im Falle einer kognitiven Dissonanz nicht zu. Die Verhaltensdimension stimmt nicht mit den übrigen Dimensionen überein. Dieser Zustand scheint für Menschen nur eine begrenzte Zeit erträglich zu sein und verlangt nach Auflösung, das heißt, Einstellung und Verhalten müssen sich wieder annähern. Der Zustand der kognitiven Dissonanz wird damit wieder aufgelöst, Verhalten und Einstellung stimmen überein.

Weitere Aspekte von Einstellungen

Eine Einstellung ist eine Wahrnehmungs- oder Verhaltenstendenz zu einem besonderen Objekt oder einer Klasse von Objekten. Auch die hier besprochene Arbeitszufriedenheit hat demzufolge den Charakter einer Einstellung.

Sozialpsychologische Bedeutung der Einstellung

In der Sozialpsychologie/Psychologie der Gruppe spielen Einstellungen insbesondere im Rahmen der Vorurteilsforschung eine wichtige Rolle.
Eine wichtige Variante der Einstellung gegenüber anderen Gruppen oder gegenüber Mitgliedern anderer Gruppen ist das *Vorurteil*.

Das Vorurteil

ist ein vorgefasstes, meist negatives (manchmal auch positives) Urteil über Menschen oder Gruppen (aber auch gegenüber Tieren und Sachen), stimmt selten mit der Wirklichkeit überein, ist stark mit Gefühlen verbunden und nur schwer durch Informationen veränderbar.

Funktion des Vorurteils

Feindbilder gegenüber der outgroup, die durch Vorurteile aufgebaut werden, stärken die Identifikation von Personen mit ihrer ingroup und erhöhen damit den Zusammenhalt (Kohäsion) und die Funktionstüchtigkeit der ingroup (vgl. Untersuchung von SHERIF).
Mit dem Vorurteil eng verbunden sind die Begriffe Stereotyp und Diskriminierung.

Stereotypisierung

Gruppen werden i. d. R. bestimmte Eigenschaften zugeschrieben:
Franzosen = Feinschmecker, Brillenträger = gute Bildung, Beamte = faul

- Besitzt jemand ein Merkmal, das ihn als Mitglied einer bestimmten Gruppe identifiziert, so werden ihm automatisch weitere Eigenschaften zugeschrieben, ohne dass Informationen vorliegen, die dies rechtfertigen würden (wenn jemand x ist, dann ist er auch y).

Diskriminierung

Diskriminierung nennt man das Verhalten, dass aus negativen Vorurteilen entsteht.

Bei den Überlegungen zur Arbeitszufriedenheit ist zu beachten, dass die Arbeitszufriedenheit oftmals von Faktoren abhängt, die wiederum u. a. von der jeweiligen wirtschaftlichen Situation abhängen.

Hierzu einige Beispiele:
Zu Zeiten geringer Arbeitslosigkeit spielt der Faktor "Geld" eine vielfach größere Rolle als zu Zeiten hoher Arbeitslosigkeit. Insgesamt sollte man jedoch den Faktor "Geld" nicht überbewerten. Auch ist es nicht richtig, dass Jugendlichen immer wieder erklärt wird, irgendeine Berufsausbildung sei besser als keine: Bei den Jugendlichen, die nicht ihren Wunschberuf erlernten, ist die Arbeitszufriedenheit sehr viel geringer als bei den anderen. Auch brechen diese Jugendlichen sehr viel häufiger ihre Ausbildung ab. Sie erleben gleichsam einen Fehlstart ins Arbeitsleben.

Den wichtigsten Beitrag zur Arbeitszufriedenheit liefert aber der Faktor "Selbstverwirklichung" in der Bedürfnishierarchie von MASLOW (vgl. Kap. 4.1.2) (SCHÄFER 1986).

Eine wesentliche Erweiterung des Konzeptes der Arbeitszufriedenheit stellt das sog. *Commitment* dar. Commitment zeigt hohe Zusammenhänge zu Arbeitszufriedenheit, insb. die sog. Affektive Dimension des Commitments.

4.2 Arbeitsmotivation

Arbeitsmotivation und Arbeitszufriedenheit sind untrennbar miteinander verbunden. Maßnahmen, die die Arbeitsmotivation steigern, steigern in der Regel auch die Arbeitszufriedenheit. Gleichwohl gibt es eine Reihe von Erkenntnissen, die insbesondere die Arbeitsmotivation betreffen.

Bei der Schilderung dieser Ergebnisse werden insbesondere die Aspekte angesprochen, die über eine hohe praktische Relevanz verfügen.

4.2.1 Überlegungen zur Motivation

Extrinsische vs intrinsische Motivation

In der Psychologie hat sich die Unterscheidung hinsichtlich extrinsisch motivierten Personen und intrinsisch motivierten Personen seit langer Zeit bewährt (GRAUMANN, 1977).

Extrinsisch	**Intrinsisch**
Prestige	Selbstwertgefühl
Sicherheit	Verantwortungsübernahme
Gehalt Aufstieg	Möglichkeit zur eigenen Entwicklung
Anerkennung	Gefühl der Selbstverwirklichung
Autorität Gelegenheit zu Gewinnung von Freunden	Eigenständiges Handeln wird ermöglicht

Im Laufe von Einstellungsgesprächen wird auf die jeweilige Motivationslage der Bewerber eingegangen. Es wird erwartet, dass die intrinsische Motivation für eine Tätigkeit überwiegt.

Motivation aufgrund der Aufgabenschwierigkeit

Die pädagogische Psychologie kennt schon lange das Phänomen, dass Personen bei der Wahl der Aufgabenschwierigkeit der von ihnen zu bearbeitenden Aufgaben, systematisch sehr einfache Aufgaben, mittelschwere Aufgaben oder sehr schwierige Aufgaben auswählen. Hierbei ist festzustellen, dass Personen, die eher sehr einfache oder sehr schwierige Aufgaben auswählen eher durch **Furcht vor Misserfolg** (Misserfolgsmotivierte) motiviert sind, während Personen, die mittelschwere Aufgaben auswählen durch die **Hoffnung auf Erfolg** (Erfolgsmotivierte) motiviert sind (McClelland et al, 1953).

Hierbei muss man sich vor Augen halten, dass die Erfolgserlebnisse bei mittelschweren Aufgaben, d. h. bei Aufgaben, die von einer Person gerade noch gelöst werden können, am größten sind.

Wählt man hingegen sehr einfache Aufgaben, stellt sich keine Befriedigung beim Lösen ein ("das schafft ja jeder"); bei der Wahl sehr schwieriger Aufgaben wird das Lösen der Aufgabe sehr unwahrscheinlich ("das schafft ja keiner"). In beiden Fällen findet keine Motivierung statt.

Aus diesem Grund stellt ein gut geführtes **Mitarbeitergespräch** ein sehr gutes Mittel zur Motivierung dar.

In der Zielvereinbarung sollen solche Ziele vereinbart werden, die von den Mitarbeitern erreicht werden können – aber nur mit Anstrengung.

Wenn zudem während des Mitarbeitergesprächs deutlich gemacht wird, welche Bewertungsmaßstäbe in der Organisation gelten und welche Belohnungen für erbrachte Leistungen vorgesehen sind und wie diese bewertet werden, wird die Motivation weiter gesteigert.

Kasten 4.2

Motivierungsmöglichkeiten im Überblick

- Die genaue Beschreibung dessen, was Inhalt einer zu bearbeitenden Aufgabe ist. Dies gilt sowohl für quantitative, als auch qualitative Tätigkeiten. Unklarheiten können zur Demotivierung führen.
- Die genaue Definition von Arbeitszielen, die in einem realistischen Maß über den bisherigen Leistungsstand hinausgehen. Dabei muss das Ziel erreichbar bleiben. Die Wichtigkeit der Zielerreichung für die Organisation muss den Mitarbeitern deutlich gemacht werden.
- Das Mitarbeitergespräch – um festzustellen, wie die Mitarbeiter die Arbeitssituation erleben, bewerten und wie sie die Organisation wahrnehmen.
- Die Führungskräfte müssen Kenntnis der Bewertungen für angebotene Belohnungen für erbrachte Leistungen durch die Mitarbeiter haben.

(Vergl. FEUERSTEIN, 2003)

4.3 Commitment

4.3.1 Das Modell von DUNHAM et al. (1994)

In der US-amerikanischen Forschung spielt das sog. "organizational commitment" – etwa sich der Organisation (Organisation im Sinne von Gesamtunternehmen) verpflichtet fühlen oder sich an die Organisation gebunden fühlen) – eine herausragende Rolle. So kann man mittlerweile davon ausgehen, dass z. B. deutsche Untersuchungen zur Arbeitsmotivation, zur Arbeitszufriedenheit usw. lediglich Facetten des organizational commitments sind.

Gemäß einer Untersuchung von DUNHAM et al. (1994) liegt dem organizational commitment (oc) folgende Faktorenstruktur zugrunde:

- *Affektiver Faktor* (Gefühle und Gedanken zur Organisation)
- *Normativer Faktor* (Gedanken, die sich mit der Verpflichtung für die Organisation zur Verfügung zu stehen, Loyalität zur Organisation usw. beschäftigen.)
- *Kontinuitäts-Faktor*
  - Mangel an Alternativen
  - Bereitschaft ein persönliches Opfer zu bringen

Geht man von der Prämisse aus, dass die Mitarbeiter und Mitarbeiterinnen in den Organisationen ihre Aufgaben zur allgemeinen Zufriedenheit erfüllen sollen, d. h. zur Zufriedenheit des Arbeitgebers, der Kunden *und* ihrer eigenen Zufriedenheit, lohnt es sich, die einzelnen Faktoren des *organizational commitments* (oc) im Sinne von DUNHAM et al. näher zu beleuchten.

Folgenden Fragen ist hierbei nachzugehen:

- Wie lässt sich das oc messen?
- Wie stark sind die einzelnen Faktoren beim Personal ausgeprägt?
- Wo bestehen Defizite, die abzubauen sind?

Um es nochmals deutlich zu machen:

Es geht nun um die Einstellungen (insb. die Gefühlskomponente), die die Mitarbeiter und Mitarbeiterinnen gegenüber ihrem Arbeitgeber haben, bevor, während und nach organisatorischen Veränderungen. Neben betriebswirtschaftlichen Verbesserungen der Organisation sollte zumindest angestrebt werden, dass sich das Personal "danach auch wohl fühlt". Ein Hinweis, wie dies zu erreichen ist, gibt ein näherer Blick auf die Faktorenstruktur des oc:

Affektiver Faktor

Hierzu gehören folgende Gedanken, Einstellungen und Gefühle gegenüber der Organisation:

- wahrgenommene Arbeitscharakteristika
- Vielseitigkeit der Tätigkeit
- wahrgenommene Autonomie der Tätigkeit
- wahrgenommene Identität der Arbeit
- Feedback seitens des Vorgesetzten
- Möglichkeiten der Einflussnahme
- am Gesamtgeschehen beteiligt und nicht nur "ein Rädchen im Getriebe" sein

Dieser Faktor entspricht tatsächlich am ehesten Einflussgrößen auf Arbeitszufriedenheit und -motivation. Viele Maßnahmen, die z. Z. diskutiert werden (vgl. oben), beschäftigen sich mit diesem Faktor.

Normativer Faktor

In diesem Faktor werden insbesondere folgende Gedanken und Gefühle repräsentiert:

- Art der Beziehungen zur Institution

- Größe der Abhängigkeit von der Institution
- Ausmaß der Selbst- vs Fremdbestimmtheit
- Einstellungen, wie: man wechselt nicht einfach seinen Arbeitgeber

Kontinuitäts-Faktor
Hier werden folgende Variablen thematisiert:

- Alter der Mitarbeiter/innen
- Dauer der Zugehörigkeit zur Organisation
- Zufriedenheit mit der bisherigen Karriere
- Intention, die Organisation zu verlassen
- Größe der Investitionen, die nicht in eine andere Organisation mitgenommen werden können, wie:
  - soziale Kontakte zu anderen Mitarbeitern/-innen
  - Zusatzversorgung durch Unternehmen
  - Karriereinvestitionen (spezifische Aus- oder Fortbildungen)

Gerade diese Variablen erscheinen in der Diskussion schnell unterschätzt zu werden: So wird häufig die bloße Tatsache, dass niemand entlassen werden soll, bereits als hervorragende Leistung von den Arbeitgebern gefeiert. Es wird dabei leicht übersehen, dass u. U. lediglich der Mangel an Alternativen (unabhängig von den Gründen des Mangels) für ein Verbleiben in der Organisation verantwortlich ist. Ob die Mitarbeiter und Mitarbeiterinnen jedoch mit diesen Gedanken und Gefühlen den neuen Herausforderungen gewachsen sind, sei dahingestellt.

Aus dem bisher Gesagten scheint deutlich zu werden, dass in der jetzigen Situation, in der Umstrukturierungen durchgeführt werden, nicht alle Veränderungen für die Mitarbeiter und Mitarbeiterinnen berücksichtigt werden, die notwendig wären, damit die Arbeitszufriedenheit, -motivation und damit auch das Commitment erhalten bzw. sogar gesteigert wird.

4.3.2 Möglichkeiten der stärkeren Berücksichtigung des Commitments in Organisationen

Es wurde deutlich, dass z. Z. nur ein Faktor (der Affektive Faktor), der für das oc, in die Überlegungen einbezogen wurde. Bei allen Umstrukturierungsmaßnahmen sollte jedoch auch versucht werden, die anderen Faktoren verstärkt zu berücksichtigen.

Hierzu wäre zunächst festzustellen, was die Betroffenen wirklich denken und welche Einstellungen sie zu diskutierten Maßnahmen haben. Dies erfolgt in der Regel durch Befragung der betroffenen Mitarbeiter und Mitarbeiterinnen. Aus dem Ergebnis der Befragung sind dann geeignete Schritte abzuleiten, damit das oc erhalten bzw. verstärkt wird.

In der letzten Zeit wurden auch in Deutschland Untersuchungen zum Commitment durchgeführt. SCHÄFER (2000) verwendete hierzu eine Übersetzung des Organizational Commitment Questionnaire von ALLEN und MEYER (1990). Das Instrument wurde den deutschen Verhältnissen angepasst und ergänzt. Die Befunde wurden ausgewertet und führten zu intensiven Personalentwicklungsmaßnahmen in dem betreffenden Unternehmen.

Kasten 4.2

Die Erforschung der Arbeitszufriedenheit und des Commitments

Beschäftigt man sich mit der Arbeitszufriedenheit bzw. dem Commitment von Beschäftigten, sind eine Reihe von Rahmenbedingungen zu beachten, die Auswirkungen auf die Ergebnisse oder deren Interpretation haben können:

- Zeitpunkt der Befragung zum Commitment (wirtschaftliche Gesamtsituation).
- Wer gibt den Auftrag zur Untersuchung des Commitments?
- Wie hoch ist das Commitment/die AZ in anderen Branchen zum gleichen Untersuchungszeitpunkt?
- Wie hat sich das Commitment/die AZ gegenüber früheren Untersuchungen in der gleichen Branche verändert?
- Wie hoch ist das Commitment/die AZ im internationalen Vergleich (vgl. Untersuchungen von ENGLAND et al. (1990) zur Arbeitsethik)?

Gab es unmittelbar vor der Untersuchung punktuelle Ereignisse, die die Ergebnisse beeinflussen könnten?

5. Führung

5.1 Historische Überlegungen

Früher ging man davon aus, dass bestimmte Personen prädestiniert sind, Führungskraft zu werden.

Einen Ursprung kann man im Kampfstil der Germanen erkennen. Mussten die Germanen einen Kampf austragen, marschierten sie in Keilformation auf den Gegner zu. Die Person, die an der Spitze des Keils marschierte, war der Größte und Kräftigste. Aus dieser Person entwickelte sich der Fürst (engl. the first = der Erste). Auch in unserem Wort Dachfirst ist diese Bedeutung noch erkennbar. Auch das Wort Herzog erinnert an die Kampfformation: Der Herzog ist die Person, die vor dem Heer zog.

Obgleich die Funktion des Führens sich zunächst ausschließlich auf die Kampfsituation beschränkte, konnten die Fürsten und Herzöge mit der Zeit ihre Führungsfunktion auch auf Friedenszeiten ausdehnen und die Führungsfunktion auf ihre Nachkommen vererben. Damit war der Grundstein für die Überzeugung der "angeborenen Führungsfähigkeit" gelegt.

Unterstützung fand dieser Glaube im 19. Jahrhundert, als im Zuge der Industrialisierung große Konzerne von einzelnen Personen gegründet wurden. Namen wie Bosch, Thyssen, Siemens, Rathenau seien nur stellvertretend genannt.

Erst im 20. Jahrhundert begann man sich mit dem Phänomen "Führung" wissenschaftlich zu beschäftigen. In den Anfängen der Forschung orientierte man sich an den soeben geschilderten Alltagsüberlegungen zum Führen. Man ging davon aus, dass es "geborene Führungspersönlichkeiten" gibt. Es wurden bestimmte Dispositionen unterstellt und man war in der Forschung bemüht, diese Dispositionen empirisch zu erkennen, d. h. man war der Überzeugung, dass Führen nicht erlernbar sei.

KURT LEWIN, ein noch heute bekannter Forscher, entwickelte einen anderen Ansatz zum Verständnis der Führung. Er prägte in den 30er Jahren den Begriff des Führungsstils. Die zugrunde liegenden Experimente wurden von LIPPIT, R. & WHITE, R. (1947) beschrieben.

Kasten 5.1

Was den Führungsstil beeinflusst:
(Führung als abhängige Variable)

- Art der Arbeit
- Organisationsebene
- Organisationsklima
- Größe der Arbeitsgruppe
- Positionsmacht in der Gruppe
- Homogenität der Arbeitsgruppe
- Arbeits- und Lebenswerte der Mitarbeiter/innen
- Einfluss des Führers nach oben
- Be- und Entlohnungssysteme
- Persönlichkeit der Führungsperson

Diese Variablen beeinflussen den Führungsstil und das Führungsverhalten.

Was der Führungsstil beeinflusst:
(Führung als unabhängige Variable)

- Arbeitsleistung
- Arbeitszufriedenheit
- Motivation
- Einstellungen (Attitüden)
- Fehlzeiten
- Fluktuation
- Verantwortungsbewusstsein

LEWIN unterschied drei Führungsstile, die auch noch heute Beachtung finden:

- Autoritärer Führungsstil
- Demokratischer oder kooperativer Führungsstil
- Laissez-faire Führungsstil

Er nahm an, dass der demokratische Führungsstil der erfolgreichste Führungsstil ist. Hierzu führte er eine Reihe von Untersuchungen durch, die in der Regel seine postulierten Überlegungen bestätigten.

Kasten 5.2

Forschungsergebnisse zu den Führungsstilen (nach LEWIN)

- die Arbeitsqualität ist in kooperativ geführten Arbeitsgruppen am höchsten;
- in autoritär geführten Arbeitsgruppen tritt häufiger aggressives Verhalten auf;
- die Produktivität ist in laissez-faire geführten Gruppen am geringsten;
- die Produktivität in autoritär geführten Gruppen hängt stark von der Anwesenheit der Führungsperson ab.

Die Kennzeichen des *demokratischen Stils* lassen sich wie folgt zusammenfassen:
Die Belange der Tätigkeit sollen mit den Belangen der Beschäftigten in Einklang gebracht werden. Ziele und Aufgaben der Arbeitsgruppe sollen unter aktiver Beteiligung der Mitarbeiter/innen an der Detailplanung und Detailorganisation realisiert werden. Sie bekommen hierbei Entscheidungskompetenzen. Erreichte Fortschritte werden diskutiert und der Vorgesetzte gibt Rückmeldungen über bereits erreichte Leistungen.

Der *autoritäre* oder *aufgabenorientierte Stil* ist folgendermaßen zu charakterisieren:

Der Vorgesetzte ist auf die Belange der Tätigkeit und der Aufgabe fixiert. Die Belange der Beschäftigten werden vernachlässigt. Er trifft alle Entscheidungen selbst und delegiert die Ausführung.

Obgleich der kooperative Führungsstil immer wieder gefordert wird, sind doch Entscheidungssituationen vorstellbar, die andere Führungsstile eher erfolgreich sein lassen. Dies sind in erster Linie Situationen, in denen schnell entschieden werden muss. Ein gutes Beispiel hierfür stellt die Arbeit der Berufsfeuerwehr in einem Einsatz dar. Hier muss eindeutig festgelegt sein, wer Entscheidungen trifft. Außerhalb der Einsatzsituation ist hingegen der kooperative Führungsstil gefordert und wird in der Regel auch praktiziert. Auch die autoritär gefällten Entscheidungen werden in der Regel in anschließenden "Manöverkritiken" überprüft.

Die weitere Entwicklung
Im Verlauf der weiteren Forschung entfernte man sich immer mehr von der Diskussion von "Stilen" und "Dispositionen". Für die Praxis relevanter erscheint die Einzeldarstellung verschiedener Untersuchungen mit ihren Ergebnissen. Hierbei wird deutlich, dass auch das Konstrukt "Führung" weniger von individuellen Dispositionen, denn von situativen Einflüssen abhängig ist.

5.2 Führung – Meilensteine der empirischen Forschung

5.2.1 Hawthorne-Untersuchungen (20er/30er Jahre)

Im Rahmen der Diskussion zur Arbeitszufriedenheit wurden die Hawthorne-Untersuchungen bereits erwähnt. Auch zu Fragen der "Führung" sind die Ergebnisse von Bedeutung. (Zur Erläuterung: Die Arbeitsleistung war angestiegen, auch wenn z. B. sich die Arbeitsbedingungen objektiv verschlechtert haben.)

Für die Diskussion um Führungsverhalten sind diese Ergebnisse insofern bedeutsam, da sie deutlich machen, dass das Interesse an den Bedürfnissen der Mitarbeiter/innen während der Experimente stärker beachtet wurde, als während des normalen Betriebsablaufs (dies könnte man auch als Hinweis auf einen kooperativen Führungsstil werten).

Diese Untersuchungen waren nach heutigem Verständnis jedoch noch mit Problemen behaftet und beschäftigten sich nicht explizit mit dem Führungsverhalten. Die systematischen Untersuchungen begannen erst in den folgenden Jahrzehnten.

5.2.2 Die Ohio-Untersuchungen (Fleishman, 50er Jahre)

Ausgangspunkt dieser Untersuchungen war die Überlegung, dass Einstellungen und Verhaltensweisen von Vorgesetzten den nachhaltigsten Einfluss auf Arbeitsmoral, AZ und Produktivität haben würden (man sollte die Vorgesetzten nicht überschätzen). Deshalb wurden in der International-Harvester-Co. alle Vorgesetzte Trainingsprogrammen unterzogen.

Man ging von zwei Dimensionen der Führung aus:

- Strukturierung
  aufgabenorientierter Führungsstil, Planung, Organisation, Anweisung und Kritik stehen im Vordergrund.
- Rücksichtnahme
  kooperativer Führungsstil, Toleranz, Personenorientiertheit und die Befriedigung soz.-emot. Bedürfnisse stehen im Vordergrund.

Die Ergebnisse der Trainingsprogramme waren unbefriedigend. Es zeigte sich, dass die Arbeitssituation eine bedeutende Rolle spielt:

Vorgesetzte, die in der Produktion tätig waren, hatten feste Termine einzuhalten und arbeiteten wiederum unter Vorgesetzten, die eine positive Einstellung zur Strukturierung hatten, neigten eher zu Strukturierungen (wenig Rücksichtnahme).

Vorgesetzte, die in nicht-produktiven Bereichen tätig waren (Lagerverwaltung, Inspektion, Reparatur) waren eher rücksichtsvoll und arbeiteten unter Vorgesetzten mit ähnlichen Einstellungen.

5.3 Das Führungs-Tandem (BALES)

Aus diesen Überlegungen und aus Überlegungen zur Gruppenpsychologie kam BALES zu folgender Annahme:

In funktionierenden Arbeitsgruppen sind zwei Szenarien vorstellbar:

- Der aufgabenorientierte Führer erfüllt auch die sozial-emotionalen Bedürfnisse;
- Neben dem aufgabenorientierten Führer gibt es einen "sozialen Spezialisten", der die soz.-emot. Bedürfnisse befriedigt.

Dieses "*Führungs-Tandem*" bezeichnet man als das Divergenz-Theorem von BALES. Dieses Theorem ist beim Militär vielfach verwirklicht: Der Kompaniechef ist der aufgabenorientierte Führer, der Kompaniefeldwebel (Spieß = Mutter der Kompanie) der sozial-emotionale Führer.

Kasten 5.3

Zusammenfassung der wichtigsten Aussagen zur Führung aus der Beschäftigung mit verschiedenen Führungsstilen

Nach TANNENBAUM (1968) wird die Arbeit des Führenden vor allem darin gesehen, Aufgaben-relevante Gruppenaktivitäten zu initiieren, zu kontrollieren, zu planen, zu leiten, zu koordinieren und sie auf das Erreichen des vorbestimmten Zieles (eines Arbeits- oder Organisationszieles) hin zu lenken. Die Führungsperson gibt den Mitarbeitern nicht nur Anleitung, sondern auch Hilfestellungen, damit diese die Arbeits- und Aufgabenziele erreichen können, damit sie im Erreichen dieser Ziele eine persönliche Befriedigung ihrer Bedürfnisse erfahren, und damit sie das Gefühl der Zufriedenheit aus diesem Arbeitsprozess und aus dem Erreichen des Zieles erhalten. Erfüllt ein Gruppenführer diese Aufgabe, so kann er als "erfolgreich" und "effizient" angesehen werden.

Im weiteren Verlauf der Beschäftigung mit dem Phänomen der Führung wurden einzelne Verhaltensweisen immer stärker in den Mittelpunkt gerückt. Auch wurde erkannt, welch hohe Bedeutung situative Faktoren für das Führungsverhalten haben.

Man geht in den modernen Führungstheorien davon aus, dass Führungsverhalten ebenso erlernbar ist, wie jedes andere Verhalten auch. Die Beschäftigung mit den Führungsstilen hat sich insofern verändert, dass man heute erforscht, welche *konkreten Verhaltensweisen* die jeweiligen Führungsstile repräsentieren. Stellvertretend für diesen Ansatz sollten zwei Modelle kurz beschrieben werden.

5.4 Eine lerntheoretisch begründete Theorie zur Führung (BASS 1985)

BASS (1985) entwickelte ein 5-faktorielles Modell zum Führungsverhalten mit folgenden Faktoren (engl. Faktorenbezeichnung, deutsche Übersetzung siehe Kasten 5.4):

Contingent Reward Management-by-Exception	*Transactional Leadership*
Charismatic Leadership Individualized Consideration Intellectual Stimulation	*Transformational Leadership*

Auch in dieser Theorie sind wiederum die Konstrukte "Mitarbeiterbezogenheit" vs "Aufgabenorientierung" wieder zu erkennen, denn es gilt folgender Zusammenhang:

Transactional Leadership	–	Aufgabenorientiertes Führungsverhalten
Transformational Leadership	–	Mitarbeiterorientiertes Führungsverhalten

Kasten 5.4

Übersetzungen	
• Contingent Reward	Sachgerechtes Verhalten wird belohnt
• Management-by-Exception	Die Führungsperson zeigt sich nur bei Problemen
• Charismatic Leadership	Die Führungsperson ruft Inspiration, Vertrauen hervor
• Individualized Consideration	Angemessene Aufmerksamkeit wird gegeben
• Intellectual Stimulation	Neue Denkweisen werden ermutigt

Bei diesem Modell stehen konkrete Verhaltensweisen der Führungskräfte im Mittelpunkt. Es geht nicht mehr länger darum "Führungsstile" zu ermitteln, sondern konkrete, für jeden erlernbare Verhaltensweisen der Führungskräfte werden thematisiert.

Aufgrund von Befragungsergebnissen sollen Führungskräfte in die Lage versetzt werden, Führungsprobleme als falsches Verhalten zu erkennen, das verändert werden kann.

5.4.1 Forschungsergebnisse zur Theorie von BASS

Es sollen einige Ergebnisse dargestellt werden, die die Zusammenhänge zwischen den Faktoren des Modells von BASS und wichtigen organisationspsychologischen Variablen aufzeigen.

Folgende Variablen wurden untersucht:

- Führungseffektivität und Zufriedenheit
- Wunsch das Unternehmen zu wechseln
- Commitment
- Geschlecht

Ergebnisse:

<u>Führungseffektivität und Zufriedenheit:</u>
Positiver Zusammenhang der Führungseffektivität und Zufriedenheit zum "Mitarbeiterorientierten Führungsstil" und negativ zu "der Führer zeigt sich nur bei Problemen".

Wunsch, das Unternehmen zu wechseln:
Der "Mitarbeiterorientierte Führungsstil" führt zu einer geringen Abnahme des Wunsches, das Unternehmen zu wechseln. Der Faktor "der Führer zeigt sich nur bei Problemen" beeinflusst diesen Wunsch hingegen nicht.

Commitment (sich vollständig für das Unternehmen einsetzen):
"Die Skalen zur Mitarbeiterorientierung" zeigen zum Commitment den höchsten Zusammenhang, insbesondere zum Aspekt des Emotionalen Commitments.

Führungsverhalten und Geschlechtszugehörigkeit:
Zur Zeit sind die Ergebnisse noch als uneinheitlich zu bezeichnen. Männliche Führungskräfte führen überwiegend "transactional". Dieses Verhalten entspricht recht gut den Hypothesen. Weibliche Führungskräfte hingegen verhalten sich aktuell noch uneinheitlich. Es muss eine Trennung vorgenommen werden zwischen jüngeren und älteren weiblichen Führungskräfte. Während ältere weibliche Führungskräfte sich ähnlich verhalten wie männliche Führungskräfte (sie führen ebenfalls eher "transactional"), verhalten sich jüngere weibliche Führungskräfte wie die Hypothesen erwarteten: Sie führen eher "transformational"!

5.5 360°-Beurteilungs- und Entwicklungssystem für Führungskräfte

Seit einigen Jahren gibt es nun auch im deutschen Sprachraum Führungskräftebeurteilungs- und -entwicklungssysteme, die sich ausschließlich auf konkrete Verhaltensweisen begründen.

Ziel der Verfahren ist das Erkennen von Führungsschwächen und die anschließende Beseitigung der Schwächen. Die Führungskräfte sollen sich hierbei neue, verbesserte Verhaltensweisen erarbeiten und in der Praxis anwenden.

Hierbei wird folgendermaßen vorgegangen:
Es werden Mitarbeiter, Kollegen und mindestens ein Vorgesetzter der Führungskraft und die Führungskraft selbst zum Führungsverhalten befragt.

Man erhält auf diese Weise mannigfache Informationen über das Verhalten der zu untersuchenden Führungskraft und kann detailliert auf Schwächen und Stärken eingehen.

Insgesamt werden Verhaltensweisen aus drei Bereichen berücksichtigt:

- Arbeitserledigung als solche

- Führen der Arbeitsgruppe
- Selbstorganisation und Beziehung zu anderen

Die Vorteile dieses Vorgehens liegen auf der Hand: Der Erfolg von Personalentwicklungsmaßnahmen wird kontrollierbar. Darüber hinaus wird der Vielfältigkeit der Menschen Rechnung getragen und akzeptiert, dass es viele individuelle Wege des Führens gibt, die zum Ziel führen können.

Die 360°-Beurteilungs- und Entwicklungssysteme konnten in den letzten Jahren zeigen, dass sie Entwicklungspotentiale von Nachwuchskräften sehr gut identifizieren können. SCHÄFER (2004) konnte zeigen, dass diese Systeme u. a. auch in der öffentlichen Verwaltung ohne Probleme eingesetzt werden können. Selbstverständlich müssen die nachfolgenden Entwicklungsschritte auf der Grundlage dieser Diagnose durchgeführt werden.

Damit haben sich die 360°-Beurteilungs- und Entwicklungssysteme zu einer ernsthaften und kostengünstigen Alternative zu Assessment Center-Verfahren (AC) entwickelt. Gleichwohl soll nicht unerwähnt bleiben, dass manche Autoren auch Gefahren beim Einsatz der Feedback-Verfahren sehen (NEUBERGER, 2000)

5.6 Der aktivierende Führungsstil nach KLAGES (2002)

KLAGES (2002) hat insbesondere für die öffentliche Verwaltung Merkmale eines optimalen Führungsstils herausgearbeitet. Hierbei steht die motivierende Wirkung einer Führungskraft in der öffentlichen Verwaltung im Mittelpunkt des Interesses. KLAGES spricht in diesem Zusammenhang vom sogenannten *Aktivierenden Führungsstil.*

Folgende Merkmale kennzeichnen den aktivierenden Führungsstil:

D. Vorgesetzte:

- hat eine klare Linie
- gibt Rückmeldungen an Mitarbeiter/innen
- spricht Anerkennung und Lob aus bei guter Leistung
- informiert Mitarbeiter/innen umfassend
- ist selbst engagiert und Vorbild für Mitarbeiter/innen

KLAGES sieht den aktivierenden Führungsstil als eine Erweiterung des demokratischen/kooperativen Führungsstils an.

Der Führungsstil beeinflusst direkt **und** indirekt die Leistungsmotivation der Mitarbeiter/innen.

Indirekte Beeinflussungen sind hierbei u. a. Aspekte wie:

- Karriereorientierung
- Arbeitsatmosphäre
- Positive Tätigkeitswahrnehmung
- Quantitative Belastung
- Qualitative Belastung
- Wertpräferenzen

der Mitarbeiter/innen.

Kasten 5.5

Forschungsergebnisse zur Wirkung von Führungsstilen in der öffentlichen Verwaltung

- Die Verbesserung der Personalführung ist von zentraler Bedeutung für die Leistungsfähigkeit der Mitarbeiter/innen der öffentlichen Verwaltung – der Führungsstil ist wesentlich verantwortlich für die Mitarbeitermotivation.
- Der kooperative Führungsstil (demokratische Führungsstil) steigert die Mitarbeitermotivation am stärksten. Neuere Untersuchungen lassen den "aktivierenden Führungsstil" als optimalen Führungsstil erkennen.
- Der autoritäre Führungsstil ist im Hinblick auf die Motivation der Mitarbeiter kontraproduktiv.
- Die bloße Formulierung von Führungsleitlinien ändert nichts am tatsächlichen Führungsverhalten. Das angemessene Führungsverhalten muss nachhaltig eingeführt werden.
- Das Führungsverhalten muss in die Führungskultur eingebettet sein.

(Vergl. FEUERSTEIN, 2003)

5.7 Möglichkeiten zur Verbesserung des Führungsverhaltens

In der Praxis haben folgende Maßnahmen ihre Eignung zur Verbesserung des Führungsverhaltens unter Beweis gestellt:

- Durchführung von 360°-Beurteilungs- und Entwicklungssystemen
- Regelmäßige Schulungen von Führungskräften

- Führungscontrolling
- Entwicklung eines kooperativen Führungsklimas
- Coaching für Führungskräfte
- Supervision für Führungskräfte
- Mitarbeitergespräche
- Kooperativ geführte Besprechungen (Moderation)
- Delegation von Führungsfunktionen an Mitarbeiter/innen
- Erhöhung der Selbststeuerungsmöglichkeiten für Arbeitsgruppen/ Teams
- Abflachen von Hierarchien
- Führungskräfte auch kooperativ führen

6. Schlüsselqualifikationen

Der Begriff der Schlüsselqualifikation (SQ) spielt etwa seit Mitte der 80er Jahre eine bedeutsame Rolle. Er wurde damals, auf Drängen der Industrie, in die Berufsausbildung der industriellen Metall- und Elektroberufe eingeführt. Im Rahmen der Neuordnung weiterer Berufsbilder wurde er sukzessive in fast alle Ausbildungsordnungen der Berufe nach Berufsbildungsgesetz (BBiG) übernommen.

Im Bereich der Hochschulausbildung hingegen wird dieser Begriff erst seit relativ kurzer Zeit in der Lehre berücksichtigt. Und auch in diesem Fall kam der Anstoß von der Industrie: Von den Fachhochschul- und Hochschulabsolventen werden heute Fähigkeiten verlangt, die weit über die reine Fachkompetenz hinausgehen. So ist Fachkompetenz zwar eine notwendige, aber keine hinreichende Voraussetzung für eine erfolgreiche Karriere im erlernten Beruf.

Was versteht man unter Schlüsselqualifikationen?
Es besteht zur Zeit noch eine gewisse Uneinigkeit, welche Fähigkeiten bzw. Fertigkeiten zu den Schlüsselqualifikationen zu zählen sind.

Einigkeit hingegen besteht darin, dass für die Bewältigung der Anforderungen, die die moderne Arbeitswelt an die Beschäftigten und die Unternehmen stellen, bestimmte Voraussetzungen erfüllt sein müssen:

"Will ein Unternehmen innovative Strukturen realisieren, muss es sich an den Belangen der Beschäftigten orientieren. Dafür gibt es 3 Ansätze: Selbst-

management, was bedeutet, dass informierte Mitarbeiter die Unternehmensziele aktiv umsetzen. Coaching, das Motivieren und Unterstützen der Mitarbeiter als primäre Aufgabe der Führungskräfte; sowie systematische Förderung der Lernbereitschaft und der Lernfähigkeit, also die Entwicklung des Betriebes zum sogenannten Lernunternehmen!" (BULLINGER 1996, p. 42)

Um die Mitarbeiter in die Lage zu versetzen diesen Ansprüchen zu genügen, ist die Entwicklung der Schlüsselqualifikationen eine notwendige (aber keine hinreichende) Voraussetzung.

Kasten 6.1

Schlüsselqualifikationen sind erlernbar!

7. Personalauswahl gemäß DIN 33430

DIN 33430

Anforderungen an Verfahren und deren Einsatz bei berufsbezogenen Eignungsbeurteilungen

7.1 Anwendungsbereich der DIN-Norm

Der Anwendungsbereich der DIN-Norm erstreckt sich auf alle berufsbezogenen Eignungsuntersuchungen, insbesondere auf Fragen der Personalauswahl und Personalplatzierung.

Es gilt, sowohl externe, als auch interne Personalauswahlverfahren an den Grundsätzen der Norm auszurichten.

Die Norm enthält Festlegungen und Leitsätze für Verfahren und deren Einsatz bei berufsbezogenen Eignungsbeurteilungen. Sie bezieht sich auf:

- die Planung von berufsbezogenen Eignungsbeurteilungen
- die Auswahl, Zusammenstellung, Durchführung und Auswertung von Verfahren
- die Interpretation der Verfahrensergebnisse und die Urteilsbildung
- die Anforderung an die Qualifikation der an der Eignungsbeurteilung beteiligten Personen

Die Norm setzt sich nicht mit Fragen der Personalentscheidungen auseinander! Personalentscheidungen bleiben in der Hand der Personalverantwortlichen in den Organisationen.

7.1.1 Begriffe

Die Grundlage jeder eignungsdiagnostischen Beurteilung bildet eine eingehende Anforderungsanalyse.

Die folgende Aufstellung zeigt eine Vielzahl möglicher, relevanter Fähigkeiten. In der Praxis wird man eine Anzahl besonders wichtiger Fähigkeiten berücksichtigen.

Kognitive Fähigkeiten

Sprachverständnis
Textverständnis
Sprachproduktion
Textproduktion
Ideenflüssigkeit
Originalität
Gedächtnis
Problembewusstsein
Mathematisches Denken
Leichtigkeit im Umgang mit Zahlen
Deduktives Denken
Induktives Denken
Ordnen von Informationen
Kategoriale Flexibilität
Gestaltschließungsgeschwindigkeit
Flexibilität der Gestaltschließung
Räumliches Orientierungsvermögen
Visualisierung
Wahrnehmungsgeschwindigkeit
Selektive Aufmerksamkeit
Überwachung

Psychomotorik

Kontrollgenauigkeit
Gliedmaßenkoordination
Reaktionsauswahl
Reaktionsanpassung
Reaktionszeit
Hand-Arm-Stetigkeit
Handgeschicklichkeit
Fingergeschicklichkeit
Handgelenk- und Fingergeschwindigkeit
Geschwindigkeit der Bewegung von Arm und Bein
Statische Kraft
Explosive Kraft
Dynamische Kraft
Flexibilität der Reaktion
Dynamische Flexibilität
Körperkoordination
Körpergleichgewicht
Durchhaltevermögen

Wahrnehmungs- und Sinnesleistungen

Nahsicht
Fernsicht
Farbunterscheidungsvermögen
Nachtsicht
Peripheres Sehen
Hörempfindlichkeit
Konzentration auf relevante Geräuschquellen
Geräuschlokalisation
Spracherkennung
Sprachklarheit

Interaktiver bzw. sozialer Bereich

Überzeugungsfähigkeit
Soziale Sensibilität
Ermittlung von Fakten mündlich
Vertretung des eigenen Standpunkts
Widerstand gegen voreilige Urteile
Hartnäckigkeit
Frustrationstoleranz
Flexibilität des Verhaltens
Verkaufsorientierung

Wissen und Fertigkeiten

Kenntnisse in Elektrik oder Elektronik
Mechanisches Wissen
Kenntnisse über Werkzeuge und Einsatz
Kartenlesen
Anfertigen von Skizzen
Lesen und Verstehen von Plänen
Autofahren
Schreibmaschine schreiben
Steno
Rechtschreiben
Grammatik

Eignung

Definition:

Eine Person ist für einen Beruf, eine berufliche Tätigkeit oder eine berufliche Position geeignet, wenn sie über diejenigen Merkmale verfügt, die Voraussetzung für die jeweils geforderte berufliche Leistungshöhe sind.

Zur Eignungsfeststellung werden im Wesentlichen drei Kategorien berücksichtigt:

- Bildungsbiografische Merkmale
- Psychologische Merkmale
- Medizinische Merkmale

Die Merkmale der Anforderungsanalyse sollten sich als Eignungsmerkmale identifizieren lassen.

Die Interpretation vorgefundener Eignungsmerkmale und deren Ausprägungen führen zu einer Wahrscheinlichkeitsaussage, inwieweit die zu beurteilende Person einerseits den gegenwärtigen und künftigen berufsbezogenen Anforderungen gerecht werden und andererseits in dem Beruf auch zufrieden sein wird.

Nur wenn **beide** Aspekte gleichermaßen erfüllt werden, kann man von Eignung sprechen.

7.1.2 Eignungsmerkmale

Bildungsbiografische Merkmale

Folgende bildungsbiografische Merkmale sind vorstellbar:

- Art der besuchten Schule
- Art der Ausbildung/Studium
- Praxiserfahrungen
- Stellenwechsel
- Fort- und Weiterbildungen
- Arbeitszeugnisse

Bildungsbiografische Merkmale dienen häufig der **Vorauswahl** im Rahmen der Eignungsdiagnostik.

Psychologische Merkmale

Folgende Psychologische Merkmale sind u. a. zu benennen:

- Textverständnis
- Mathematisches Denken
- Räumliches Orientierungsvermögen
- Selektive Aufmerksamkeit
- Teamorientierung
- Frustrationstoleranz
- Führungsverhalten

Medizinische Merkmale

Die medizinischen Anforderungen sind in der Regel für unterschiedliche Laufbahnen und Berufe exakt definiert und werden von Arbeitsmedizinern nach diesen Regeln geprüft.

Die Prüfung der medizinischen Eignung steht im Allgemeinen am Ende der eignungsdiagnostischen Prozedur.

7.1.3 Eignungsbeurteilung

Methodologische Begriffe

Zur Charakterisierung der Güte der eingesetzten Verfahren werden die nachfolgenden Begriffe verwendet:

- Objektivität
- Zuverlässigkeit
- Gültigkeit
- Normwerte

Gemeinsam geben sie Auskunft darüber, ob ein Verfahren den Anforderungen an Instrumente und Verfahren der Eignungsdiagnostik genügt.

Objektivität

Die zur Eignungsbeurteilung eingesetzten Verfahren müssen eine größtmögliche Durchführungs-, Auswertungs- und Interpretationsobjektivität besitzen.

Dies kann u. a. durch ein intensives Training mit den eingesetzten eignungsdiagnostischen Instrumenten erreicht werden.

In der Regel verfügen Testverfahren über die höchste Objektivität.

Zuverlässigkeit = Reliabilität

Ein eignungsdiagnostisches Instrument soll zuverlässig das messen, was es messen soll.

Bei wiederholten Messungen sollten die Ergebnisse nicht in einem zu großen Ausmaß streuen.

Falls sich Personenmerkmale auf die Grundlage von mündlich eingeholten Informationen (Interview) oder Verhaltensbeobachtungen (AC) stützen, ist sicherzustellen, dass verschiedene Interviewer oder Beurteiler bei gleicher Grundlage möglichst übereinstimmen.

Gültigkeit = Validität

Die Gültigkeit ist die Genauigkeit mit der ein Verfahren das misst oder vorhersagt, was es messen oder vorhersagen soll (z. B. ein Merkmal oder eine Verhaltensweise einer Person).

Die eingesetzten Verfahren müssen über eine möglichst hohe Gültigkeit verfügen.

Die Gültigkeit kann nach verschiedenen Verfahren bestimmt werden. Sie wird aufgrund empirischer Untersuchungen zur Konstrukt-, Kriteriums- oder Inhaltsvalidität nachgewiesen.

Normwerte

Falls zur Eignungsbeurteilung Verfahren eingesetzt werden, die den individuellen Vergleich mit einer Referenzgruppe beinhalten, ist sicherzustellen, das d. jeweilige Kandidat/in auch der Referenzgruppe entspricht.

Normwerte sind regelmäßig, spätestens alle 8 Jahre zu überprüfen.

7.2 Eignungsdiagnostische Verfahren

7.2.1 Das Interview

Das Interview ist heute die häufigste Auswahlstrategie. Aber das Interview ist mit einer Reihe von Problemen behaftet.

Die Qualität von Auswahlgesprächen ist deshalb sehr schlecht! Die spätere Leistung eines neuen Mitarbeiters lässt sich nicht vorhersagen, d. h. die Korrelation zwischen den beiden Maßen ist sehr gering ($r \approx .10$).

Arten des Interviews

- Standardisiertes Interview
  Beim standardisierten Interview sind Gesprächsablauf und -inhalt genau vorgegeben, d.h. die Fragen werden vor dem Personalauswahlgespräch von den Interviewern festgelegt und allen Bewerbern in gleichem Wortlaut und gleicher Reihenfolge gestellt.

  Der Vorteil des standardisierten Interviews liegt darin, dass keine sachfremden Einflüsse auf das Gespräch einwirken. Außerdem ist die Auswertung relativ einfach und kostengünstig.

  Nachteilig sind die fehlende Spontaneität, durch die das Gespräch eher unflexibel und starr wird, sowie die Tatsache, dass ein Nachhaken bei Auffälligkeiten nicht möglich ist.

  In Bezug auf die Antworten ist beim standardisierten Interview zu unterscheiden zwischen dem geschlossenen Interview, bei dem der Bewerber seine Antworten aus einem Antwortkatalog auswählt, und dem offenen Interview, bei dem der Bewerber frei antwortet.

- Nicht-standardisiertes Interview (= unstrukturiertes Interview)
  Beim nicht-standardisierten Interview orientiert sich der Interviewer an der jeweiligen Situation und am Verlauf des Gesprächs. Somit sind auch spontane Fragen und Nachhaken bei Unklarheiten und weiterem Interesse möglich. Es entsteht also eine offene Gesprächsatmosphäre.

  Nachteilig für den Interviewer sind die aufwendigere Auswertung sowie der schwerere Vergleich zwischen den Bewerbern.

- Halb-standardisiertes Interview
  Das halb-standardisierte Interview ist eine Mischung der beiden oben dargestellten Interview-Arten. Der Rahmen des Gesprächs ist gegeben, nicht aber ein vorgefertigter Gesprächsablauf oder -inhalt. Das halb-standardisierte Interview besteht also zum Teil aus vorgefertigten Fragen, andererseits können aber auch Fragen gestellt werden, die sich aus der Situation ergeben. Des Weiteren sind auch Fragen zu Problem- bzw. Konfliktfällen möglich, um die Verhaltensweise des Bewerbers im konkreten Fall herauszufinden.

  Das halb-standardisierte Interview ist empfehlenswert, weil eine Vergleichbarkeit trotz der gewahrten Individualität gegeben ist. Das Gespräch bleibt lebendig und flexibel, das Zwischenfragen möglich sind. Trotzdem hat der Interviewer jederzeit gut formulierte Fragen zur Hand.

7.2.1.1 Ursachen für Schwächen des Einstellungsinterviews (in Anlehnung an SCHULER 1992)

- mangelnder Bezug der Fragen zu den Tätigkeitsanforderungen
- unzulängliche Verarbeitung der aufgenommenen Informationen
- geringe Beurteilerübereinstimmung
- dominierendes Gewicht früher Gesprächseindrücke
- Überbewertung negativer Informationen
- emotionale Einflüsse (z. B. Sympathie) auf die Urteilsbildung
- Beanspruchung des größten Teils der Gesprächszeiten durch den Interviewer
- mangelhafte Vorbereitung auf das Interview
- Interview insgesamt zu kurz
- Belastung des Interviews mit Fragen, die besser von der Personalabteilung beantwortet werden (z. B. genaue Gehaltsabrechnung).

7.2.1.2 Verbesserungsmöglichkeiten des Einstellungsinterviews (in Anlehnung an SCHULER 1992)

- Anforderungsbezogene Gestaltung des Interviews
- Beschränkung auf das Registrieren von Aspekten/Anforderungen/Merkmalen, die nicht anderweitig zuverlässiger gesammelt werden können (z. B. mittels Zeugnissen)
- Interviews möglichst in strukturierter oder teilstrukturierter Form durchführen, dabei den Bewerber/innen freie Rede ermöglichen
- subjektive Eindrücke aus dem Interview empirisch überprüfen
- Übernahme von standardisierten Fragen aus Testverfahren oder biographischen Fragebögen
- Trennung von Informationssammlung und Entscheidung
- Einsatz zusätzlicher Beurteiler, z. B. in weiteren, *unabhängigen* Gesprächen
- Vorbereitung der Interviewer durch verfahrensspezifisch konzipiertes Training.

7.2.1.3 Fazit zum traditionellen Einstellungsinterview

Vielfach wird die Meinung vertreten, dass mit dem Einstellungsinterview weniger die Leistungsfähigkeit von Bewerbern, denn deren *soziale Kompetenz* gemessen wird.

Forschungen konnten dies jedoch nicht bestätigen!

Auch die Meinung, dass *Motivation, Selbstsicherheit, verbale Fähigkeiten, Dominanz* oder *Anpassungsfähigkeit* gemessen werden, konnte nicht bestätigt werden.

Damit muss man zu der Auffassung kommen, dass es *das* Einstellungsinterview nicht gibt. Der Interviewer sollte die "Hülle" des Interviews mit Fragen füllen, die eng an die jeweilig zu besetzende Stelle angelegt sind. Das bedeutet, dass für jede zu besetzende Stelle ein neues, strukturiertes Interview zu konzipieren ist.

Trotzdem ist das Einstellungsinterview im Rahmen der Personalauswahl unverzichtbar. So besteht für die arbeitsplatzanbietende Organisation und die Bewerber die Möglichkeit ihre jeweiligen Vorstellungen zur Tätigkeit abzugleichen und sich gegenseitig näher kennen zu lernen.

7.2.1.4 Das Multimodale Interview (nach SCHULER 1992)

Das multimodale Einstellungsinterview gliedert sich in 8 Teile. Neben der Gültigkeit (psychologische Validität) sind den Aspekten Akzeptanz und Praktikabilität Rechnung zu tragen.

- Gesprächsbeginn
  Kurzes, informelles Gespräch, das zur Auflockerung der Atmosphäre beitragen soll.
- Selbstvorstellung des Bewerbers
  Der Bewerber berichtet in freier Form über seinen Werdegang. Der Interviewer kann hierbei Schwerpunkte vorgeben.
- Berufsinteressen und Berufswahl
  Mit wenigen, kurzen Fragen sollen die Interessen des Bewerbers erfasst werden (Die Antworten sind unmittelbar zu bewerten: zufriedenstellend – neutral – ungenügend).
- Freier Gesprächsteil
  Dieser Teil dient der Auflockerung des hochstrukturierten Ablaufs. Es werden Fragen gestellt, die sich aus dem bisher Gesagten oder aufgrund der Bewerbungsunterlagen ergeben haben. Die Antworten werden nicht unmittelbar bewertet. Der Eindruck aus der Beantwortung dieser Fragen wird in die Abschlussbeurteilung aufgenommen.
- Biographiebezogene Fragen
  Aus sog. Biographischen Fragebögen werden einige, wenige (ca. 10) Fragen stellenspezifisch ausgewählt und gestellt. Es erfolgt eine sofortige Bewertung mit einer 3-stufigen Skala (s. o.).
- Realistische Tätigkeitsinformationen
  Es wird über Ausbildung, Anforderungen und Dienststelle informiert. Dies gilt sowohl für positive Aspekte, als auch für Probleme der Organisation und des Arbeitsalltages.
- Situative Fragen
  Jedem Bewerber werden ca. 4 - 5 situative Fragen gestellt. In der Regel wird nach dem Verhalten des Bewerbers in sog. *kritischen Situationen* gefragt. Die Beurteilung der Antworten erfolgt auf einer 5-stufigen Skala (gut – schlecht).
- Fragen des Bewerbers und Gesprächsabschluss
  Die Bewerber erhalten Gelegenheit, ihre Fragen zu stellen. Weiterhin gibt es Informationen zum weiteren Verfahren und zu organisatorischen Fragen.

7.2.1.5 Das Multiphasen-Interview (SCHÄFER, 2003)

Ähnlich dem Multimodalen Interview (SCHULER, 1992) werden beim Multiphasen-Interview mehrere voneinander abgrenzbare Teile unterschieden.

- **Phase 0: Gruppendiskussion**

Dem Interview wird eine Gruppendiskussion vorangestellt, wenn eine Position zu besetzen ist, bei der soziale Interaktionen ein sehr wichtiges Eignungsmerkmal darstellt. An der Gruppendiskussion nehmen alle Bewerber/innen teil.

Sind soziale Interaktionen kein stark gewichtetes Eignungsmerkmal, kann auf die Gruppendiskussion verzichtet werden.

- **Phase 1: Begrüßung und Informationen zum Gesprächsablauf**

Zu Beginn des Gesprächs werden den Teilnehmern zunächst die Mitglieder der Prüfungskommission vorgestellt und es erfolgt eine kurze Beschreibung des Ablaufs des Gesprächs.

Hierbei wird vermieden, dass zu sehr die Einzelheiten bereits dargestellt werden, da dies bereits zu Hypothesenbildungen bei den Bewerbern führen könnte.

Es wird lediglich dargestellt, dass sich das Gespräch aus verschiedenen Teilen zusammensetzt.

Verhaltensweisen nach Stärken und Schwächen sortieren

Den Bewerbern/-innen werden die Verhaltensbeschreibungen (60 Karten) in einem Stapel übergeben mit der Aufforderung, die Verhaltensweisen in 5 Stapel zu sortieren:

besondere Schwäche 3 – 12 – 30 – 12 – 3 besondere Stärke

Hierfür stehen 5 Minuten zur Verfügung. (Diese Zeit kann stillschweigend auf max. 8 min. ausgedehnt werden.)

Im anschließenden freien Bericht über den Werdegang wird auf das Ergebnis eingegangen.

- **Phase 2: Freier Bericht über Werdegang**

Der Bewerber wird aufgefordert, über sich einige Sätze sagen. Hierbei werden zunächst absichtlich keine Vorgaben gemacht.

An interessanten/entscheidenden Stellen wird nachgefragt (warum fand nun eine berufliche Umorientierung statt?).

Im Rahmen dieser Darstellung wird auf die Karten mit den Verhaltensbeschreibungen Bezug genommen und die Bewerber sollen begründen, wie sie zu ihrer Wahl gekommen sind.

Hierbei werden Aspekte der Selbstreflexion verstärkt beachtet.

- **Phase 3: Motivation für die Tätigkeit**

Es wird der Frage nachgegangen, worin die Motivation für die angestrebte Tätigkeit besteht.

Hierbei ist zu beachten:

Die Sicherheit des Arbeitsplatzes ist eine Motivation, die nicht zu gering geschätzt werden sollte.

Es sollten noch andere Gründe genannt werden!

- **Phase 4: Grund für Wechsel vom bisherigen Arbeitsplatz**

Schlüsselfragen in diesem Bereich sind:

Warum wollen Sie Ihren Arbeitsplatz verlassen?

Warum gerade jetzt?

Wenn Sie gute Chancen in Ihrer bisherigen Tätigkeit hätten, würden Sie sich dann auch beworben haben?

(Für Bewerber, die Ihren Wohnsitz verlegen müssen) Würden Sie für Ihren erlernten Beruf auch in diese Stadt kommen? Warum ja/nein?

Über welche Vorerfahrungen aus ähnlichen Tätigkeiten haben sie?

- **Phase 5: Vorstellungen über die Tätigkeit**

Welche Vorstellungen haben Sie über die Tätigkeit.

Hierbei kommt es nicht so sehr darauf an, dass diese Vorstellungen in allen Einzelheiten korrekt sind, sie sollten aber auch nicht völlig falsch sein.

Sehr wichtig ist die Tatsache, ob und inwieweit sich die Bewerber/innen überhaupt schon einmal mit der Tätigkeit auseinandergesetzt haben.

Schließlich wollen Sie Ihr künftiges Arbeitsleben mit dieser Tätigkeit ausfüllen.

- **Phase 6: Critical Incidents**

Den Bewerbern/-innen werden, für die Tätigkeit typische Situationen (überwiegend soziale Situationen) geschildert. Die Bewerber/innen müssen erläutern, wie sie sich in diesen Situationen verhalten würden. Die Antwort muss sehr konkret erfolgen.

Im Rahmen des Interviews werden mindestens drei Situationen geschildert; diese Zahl kann aber beliebig erhöht werden. Die Beurteilung erfolgt mittels einer 3-stufigen Skala: gute Antwort – akzeptable Antwort – schlechte Antwort.

- **Phase 7: Informationen über die Tätigkeit**

Es werden den Bewerbern realistische Tätigkeitsinformationen gegeben, d. h. auch Probleme und negative Begleiterscheinungen werden nicht verheimlicht. Dies führt in der Folge zu einem höheren Commitment, höherer Leistung und geringeren Fehlzeiten und Fluktuation bei den Neueingestellten Personen.

Wenn negative Aspekte geschildert werden müssen, wird regelmäßig die Frage aufgeworfen:

"Sind Sie in der Lage mit dieser Situation fertig zu werden – begründen Sie bitte Ihre Antwort."

- **Phase 8: Zukunftsvorstellungen**

Hierbei wird der Frage nachgegangen, wie realistisch die Erwartungen der Bewerber/innen an die Entwicklungsmöglichkeiten sind.

Tauchen hier zu große Diskrepanzen auf, ist dieser Abschnitt auch bei sonst gut geeigneten Personen nochmals vertiefend zu diskutieren.

Sind die Wünsche und Vorstellungen zu unrealistisch, kann dies zum Etikett "nicht geeignet" führen.

- **Phase 9: Abschluss**

Beim Gesprächsabschluss wird der Bewerber nochmals die Möglichkeit gegeben, alle interessierenden Fragen zu stellen.

Ein PA-Verfahren ist ein zweiseitiger Prozess, bei dem auch die Bewerber feststellen können sollen, ob die angebotene Stelle für sie die richtige Position ist.

Anschließend wird das weitere Prozedere erläutert.

7.2.2 Assessment Center

Das Assessment-Center-Verfahren (AC) hat seinen Ursprung in einem in den 20er Jahren entwickelten Verfahren zur Auswahl von Offiziersanwärtern. Dieses Verfahren wurde mit weitgehend identischer methodischer und organisatorischer Grundkonzeption in den 40er Jahren über das britische Militär und den amerikanischen Geheimdienst bis hin zur amerikanischen

Wirtschaft übernommen und weiterentwickelt. Die Methode bestand aus einem breiten Spektrum zum Teil heute noch in AC angewandter Untersuchungsverfahren (z.B. führerlose Gruppendiskussion). Das Verfahren gelangte in den 40er Jahren zur britischen Royal-Air-Force-Offiziersschule. In Großbritannien wurden zusätzlich intensivere Prüfungen der Gültigkeit und Zuverlässigkeit der eingesetzten Methoden vorgenommen.

In den USA wurden die psychologischen Auswahlverfahren dann ab 1942 zur Rekrutierung geeigneter Geheimdienstagenten angewandt und erstmals mit dem Begriff Assessment-Center versehen.

In der Wirtschaft wurde das Verfahren erstmals Ende der 50er Jahre bei der Fa. AT&T durchgeführt. Der richtige Durchbruch der AC-Anwendung folgte dann erst in den 70er Jahren.

Merkmale und Ziele eines Assessment-Centers

Vor Beginn eines AC muss ein Merkmalskatalog erarbeitet werden, in dem die für die jeweilige zu besetzende Stelle wichtigsten Anforderungen zusammengefasst sind. (Dies gilt analog auch für alle anderen Auswahlverfahren)

Die im AC angewandten Übungen, Simulationen, Tests müssen gewährleisten, dass in ihrem Verlauf alle in der Anforderungsanalyse identifizierten Kriterien möglichst mehrfach in verschiedenen Situationen beobachtet werden können.

Die Übungen, Simulationen und Tests sind zum Teil so aufgebaut, dass in ihnen zukünftige Arbeitssituationen bezogen auf die zu besetzende Stelle dargestellt werden.

Im Rahmen eines AC werden mehrere Bewerber (max. 12) von mehreren Beobachtern beobachtet. Die Beobachter nehmen jeden Teilnehmer mindestens einmal im Verlauf des Programms unter die Lupe und beurteilen diesen.

Am Ende eines AC-Verfahrens wird im Rahmen einer Beobachterkonferenz das Ergebnis aus den Beobachtungen und den messbaren Übungsleistungen ermittelt und festgestellt.

Primäres Ziel eines AC ist es eine größere Sicherheit für eine sachgerechte Auswahl von Führungskräften zu erreichen.

Daneben kann ein AC auch für Personalentwicklungsmaßnahmen eingesetzt werden.

Das AC ist ein stark verhaltensorientiertes Verfahren dem die Fähigkeit zugeschrieben wird, die geeigneten Personen mit den für die jeweilige Stelle geforderten Eigenschaften zu finden.

Bestandteile eines Assessment-Centers

Die hier aufgeführten Übungen sind typische Bestandteile eines AC's. Hierbei handelt es sich nicht um eine abgeschlossene Aufzählung, da jedes AC in seinen Anforderungen auf die jeweils zu besetzende Stelle zugeschnitten wird / ist:

- Vorstellungsrunde
- Postkorb-Übung
- Präsentation und/oder Kurzvortrag
- Gruppendiskussion
- Rollenspiel
- Einzelinterview
- Psychologische Testverfahren
- Feedback-Gespräch

Die Bestandteile im Einzelnen:

Vorstellungsrunde

Ein Assessment-Center beginnt immer mit einer Vorstellungsrunde. Die Einzelvorstellung gehört zu den Standardübungen des Assessment-Centers. Sie wird entweder anhand eines Steckbriefs oder ganz frei durchgeführt. Jeder Kandidat hat etwa zehn Minuten Zeit, sich selbst darzustellen. Folgendes kann angesprochen werden:

- Name, Alter, Wohnort
- Lieblingsfächer in der Schule
- Interessen und Hobbys
- Erfahrungen in der Berufswelt (Praktika, Jobs, feste Arbeitsplätze)
- Auch über folgende Fragen sollte man sich im Vorfeld des AC bereits Gedanken gemacht haben:
- "Warum interessieren Sie sich für diese Tätigkeit?"
- "Wie haben Sie sich über die Ausbildungsstelle/das Studium/den Job informiert?"

- "Warum glauben Sie, dass Sie für diese Tätigkeit geeignet sind?"
- "In Bezug auf meine Ausbildung/mein Studium/mein Job ist mir wichtig, dass..., weil..."
- "Für die nächsten 5 Jahre stelle ich mir vor, dass.."
- "Wie kamen Sie auf das Unternehmen/diese Universität?"

Postkorb-Übung

Bei der sogenannten Postkorb-Übung schlüpfen die Bewerber in die Rolle eines unter Zeitdruck stehenden Managers, der in kürzester Zeit seinen aufgelaufenen und aus diversen Notizzetteln und Kurzmitteilungen bestehenden Postkorbs abarbeiten muss.

Bis zu 20 Schriftstücke sollen die Bewerber innerhalb eines vorgegebenen Zeitrahmens bearbeiten. Gelegentlich werden während der Bearbeitungszeit auch noch Störungen wie z.B. ein klingelndes Telefon eingebaut.

Die Schwierigkeit besteht immer darin, dass man kaum Zeit dafür hat, alle Aufgaben selbst zu erledigen und daher einen Zeitplan nach Prioritäten erstellen muss.

Für die Beurteilung ist wichtig:

Kann jemand wichtiges von unwichtigem unterscheiden? Ist der zukünftige Mitarbeiter in der Lage zu delegieren, zu organisieren? Wie steht es mit seiner Flexibilität/Kreativität? Hat er gelernt, mit Belastungen und Zeitdruck zurecht zu kommen?

Im Gegensatz zu anderen AC-Verfahren, wie z.B. die Gruppendiskussion, hängt die Leistung eines Teilnehmers nicht von den anderen Teilnehmern ab. Darüber hinaus eröffnet die Postkorbübung die Perspektive einer objektiven, beobachterunabhängigen Auswertung und Interpretation der Leistung von AC-Teilnehmern.

Präsentation und/oder Kurzvortrag

Präsentationen und Kurzvorträge sind typische Testaufgaben des klassischen AC. Die Teilnehmer sollen einen Kurzvortrag vor Publikum zu einem vorgegebenen Thema halten. Zuhörer sind meistens die AC-Beobachter, manchmal auch die Mitbewerber.

Das Thema wird entweder in Form einer Fallstudie mit ausführlichen Hintergrundinformationen oder durch ein einfaches Stichwort (z.B. Ökosteuer) vorgegeben.

Die Aufgabe der Teilnehmer ist es nun, das Thema in der zur Verfügung stehenden Zeit inhaltlich zu erfassen und den Zuhörern in einem interessanten, rhetorisch gelungenen Vortrag zu präsentieren.

Mögliche Präsentationsformen für einen Kurzvortrag sind:

- Vortrag beinahe aus dem Stegreif, der nur einige Minuten dauern soll (Vorbereitungszeit 5-15 Minuten)
- Ausführlicher Vortrag (auf den man sich bereits am Vortag in stundenlanger Lese- und Aktenarbeit vorbereiten muss)

Bei beiden Vortragsarten kommt es darauf an, wie der Kandidat die Inhalte präsentiert; gefragt sind sprachliches Ausdrucksvermögen, rhetorische Geschicklichkeit, selbstsicheres Auftreten, gekonnte Strukturierung des Vortrags, persönliche Ausstrahlung und Überzeugungskraft.

Gruppendiskussion

Gruppendiskussionen sind ein fester Bestandteil von Assessment-Centern, die in verschiedenen Formen auftreten können. Eine Möglichkeit ist die Vorgabe oder die Auswahl eines betrieblichen oder allgemein-gesellschaftlichen Themas, von dem man annimmt, dass die Bewerber kontroverse Standpunkte austragen werden.

Eine weitere Form der Gruppendiskussion kann ein "Planspiel" sein. Hierunter versteht man eine konkrete Aufgabenstellung bei der z.B. die Gruppe einen Ausschuss darstellt, der eine gemeinsame Lösung für die Umsetzung eines bestimmten Projekts unter Berücksichtigung verschiedener Aspekte erarbeiten muss und diese dem Gemeinderat vorstellen soll.

Es besteht darüber hinaus die Form der Gruppendiskussion, in der jedem/r Teilnehmer/in zu einem vorgegebenen Thema eine Position bzw. ein Standpunkt zugeordnet, der im Verlauf der Diskussion vertreten werden soll. Dies ist sicherlich keine abschließende Aufzählung von Gruppendiskussionsformen.

Bei diesen Übungen kommt es weniger auf die sachlichen Inhalte der Beiträge an, als auf die Art und Weise wie sie vorgebracht werden. Also, wer setzt sich wie und mit welchen Argumenten durch; wer übernimmt eine Führungs- oder Moderatorrolle; wer ist besonders konstruktiv im Hinblick auf eine gemeinsame Lösung.

Rollenspiel

Bei der Übung des Rollenspiels handelt es sich in der Regel um ein simuliertes Gespräch zwischen einem Bewerber und einem Beobachter. Das

Gespräch soll dabei ein typisches Mitarbeiter- oder Kundengespräch abbilden. Üblicherweise sind dies Konfliktgespräche, bei dem der Bewerber insbesondere daraufhin beobachtet wird, wie er die Gegensätze und Konflikte transparent macht und Ideen bzw. Initiativen zur ausgleichenden und konstruktiven Konfliktbewältigung entwickelt.

Einzelinterview

Auch innerhalb eines AC werden Einzelinterviews durchgeführt.

Für diese gelten dann die gleichen Kriterien wie für die Interviewmethode im Allgemeinen.

Psychologische Testverfahren

Häufiger Bestandteil von Assessment-Center sind auch verschiedene Persönlichkeits-, Intelligenz und Leistungstest. (S. Tests)

Feed-back-Gespräch

Beim Feed-back-Gespräch erfahren die Bewerber im Einzelgespräch mit einem Beobachter wie sie bei dem Assessment-Center abgeschnitten haben, wo sie aus Sicht der Beobachter stehen und welche Entwicklungsmöglichkeiten sich nun ergeben.

Jeder Bewerber muss ein Feed-back-Gespräch angeboten bekommen.

Die typischen Eignungsmerkmale der Bestandteile eines AC

Durch alle Übungen zieht sich wie ein roter Faden die Bewertung des einzelnen Bewerbers hinsichtlich des Erscheinungsbildes, der Selbstdarstellung sowie die Umgangsformen im Kontakt mit anderen. In den verschiedenen Übungen werden jeweils zwei bis drei der folgenden Kriterien zusätzlich beobachtet und bewertet:

- Kooperationsbereitschaft
- Konfliktfähigkeit
- Flexibilität
- Führungsverhalten
- Kommunikationsfähigkeit
- Rhetorikfähigkeit
- Durchsetzungsvermögen
- Ideenreichtum

Es handelt sich bei diesen Kriterien im Wesentlichen um Dinge, die mit dem Begriff Schlüsselqualifikationen (SQ) beschrieben werden.

Einige Merkmale im Überblick:

Die **Kooperationsbereitschaft** zählt zu den sozialen Kompetenzen. In einer Gruppensituation wird herausgefunden, ob der Bewerber ein Mensch ist, der sich auf Kosten anderer durchsetzt oder eher zurücksteckt oder den goldenen Mittelweg wählt. Als kooperationsbereit gilt, wer den gemeinsamen Erfolg mit anderen teilen kann. Hierbei verzichtet er auf Konkurrenzdenken, Machtinteresse und Rivalität.

Die **Konfliktfähigkeit** (Streitkultur und Verhandlungsgeschick) zählt ebenfalls zu den sozialen Kompetenzen. Sie wird sowohl in den Gruppensituationen als auch im Einzelinterview getestet. Hierbei soll der Bewerber sich ausgewogen präsentieren. Zu wenig Konfliktfähigkeit lässt den Bewerber als Schwächling dastehen und zuviel Konfliktfähigkeit stuft ihn als Streithahn ein.

Die **Flexibilität** wird im Rahmen der Rollenspiele sowie den unternehmensbezogenen Aufgaben abgeprüft. Hierbei geht es um die Fähigkeit, alternative Lösungswege zu finden.

Das **Führungsverhalten** des Bewerbers wird in den Gruppenarbeiten herausgefunden. Es wird darauf geachtet, ob er eine Führungsrolle übernehmen kann und wie er sie ausfüllt. Ergreift er die Initiative zur Durchführung eines Interessenausgleichs innerhalb der Gruppe, misst er den Arbeitsergebnissen mehr Bedeutung zu als dem Arbeitsprozess oder forciert er das zielorientierte Arbeiten in der Gruppe.

Bei der **Kommunikationsfähigkeit** wird auf eine klare, verständliche Sprache geachtet, sowie auf eine flüssige Formulierung, auf eine akustisch gut verständliche Sprache und Stilsicherheit im Schriftlichen. Es geht hierbei also darum, wie ausgeprägt das mündliche und schriftliche Darstellungsvermögen des Bewerbers ist.

Seine **Rhetorikfähigkeit** muss der Bewerber in der Gruppendiskussion, bei Rollenspielen und bei der Präsentation unter Beweis stellen. Hierbei wird auf die rhetorische Überzeugungskraft geachtet.

Das **Durchsetzungsvermögen** wird insbesondere in den Gruppenaufgaben überprüft. Der Bewerber soll seine Ziele nicht aus den Augen verlieren, seinen Standpunkt auch gegen Widerstand durchsetzen, sich der Konkurrenzsituation stellen und sein Vorgehen stark zielorientiert ausrichten.

Unter **Ideenreichtum** wird das Vermögen verstanden, kreativ und offen an Problemlösungen heranzugehen und die Fähigkeit zu konzeptionellem Denken zu besitzen. Unter konzeptionellem Denken wird die Fähigkeit verstanden, Problemstrategien zu entwickeln.

Ablauf eines Assessment-Centers

In der Regel lässt sich ein AC in drei Abschnitte unterteilen:

1. Vorbereitung	2. Durchführung	3. Abschluss und Feedback
Festlegung der Ziele und der Zielgruppen	Training der Beobachter	Abstimmen der Auswertungen
Auswahl der Beobachter	Empfang der Teilnehmer Ziel und Ablauf des Programms erläutern	Anfertigen der Gutachten, Empfehlung von Förder-maßnahmen
Definition des Anforde-rungsprofils ggf. mit Beobachter	Bearbeiten der Übungen und Unterlagen durch Teil-nehmer	Endabstimmung / Endauswahl
Zusammenstellen der Übungen mit Bezug auf Anforderungen	Beobachten der Leistungen durch Beobachter	Teilnehmer über Ergebnisse informieren
Information der Teilneh-mer, und organisatorische Vorbereitung	Auswertungen der Beobachtungen	Vereinbaren von Förder-/ Entwicklungsmaßnahmen

Beurteilung der Assessment-Center-Technik

Der Aufwand und die Kosten eines AC's werden durch die subjektiven Fehleinschätzungen bei der Mitarbeiterauswahl durch herkömmliche Auswahlverfahren (z.B. Auswertung von Bewerbungsunterlagen, Vorstellungsgesprächen usw.) gerechtfertigt. Man muss sich jedoch vergegenwärtigen, dass diese Rechtfertigung wohl nur bei der Auswahl von geeigneten Führungskräften begründet ist, da Fehlentscheidung auf dieser Ebene mit hohen Kosten verbunden sein könnten.

Das AC-Verfahren ist im Vergleich zu anderen Auswahlverfahren das wohl objektivste und zur Auswahl von Führungskräften geeignetste Mittel der Personalauswahl. Gleichwohl wird es in jüngster Zeit immer stärker durch die 360°-Feedback-Verfahren abgelöst, da diese Verfahren ökonomischer und mit einem größeren Praxisbezug ausgestattet sind.

7.2.3 Psychologische Tests

Was ist ein psychologischer Test ?

Obgleich es noch keine allgemein verbindliche Definition des Begriffes "Psychologischer Test" gibt, kann man folgende Merkmale als charakteristisch für Tests anführen: Danach ist ein "Test" eine Methode, die menschliches Verhalten so misst, dass ein kleiner Ausschnitt genügt, um Rückschlüsse auf das Gesamtverhalten des Menschen zu erlauben.

Ein "psychologischer Test" ist ein standardisiertes, routinemäßig anwendbares Verfahren zur Messung individueller Verhaltensmerkmale, aus denen Schlüsse auf Eigenschaften der betreffenden Person oder ihr Verhalten in anderen Situationen gezogen werden können.

Psychologische Tests können als unvollständige Experimente angesehen werden und erfassen mittels unterschiedlicher Methoden unterschiedliche Eigenschaften, beispielsweise Persönlichkeitseigenschaften, Leistungsfähigkeit, Intelligenz, Alkoholismusneigung etc. In der wissenschaftlich kontrollierten Eignungsdiagnostik sind sie die am häufigsten verwendeten Instrumente.

In der Arbeitspsychologie wird von einem Test vor allem erwartet, dass er Vergleiche mit anderen Bewerbern ermöglicht und den zukünftigen Berufserfolg vorhersagen lässt.

Einsatzgebiete psychologischer Testverfahren

Psychologische Tests kommen heutzutage bei einer Vielzahl von Entscheidungs-, Auswahl- oder Beratungssituationen zur Anwendung, z. B.:

- Berufsberatungstest
- Ausbildungseignungstest
- Personalauswahl.

Vor- und Nachteile psychologischer Testverfahren

Bei einer sachkundigen Anwendung haben psychologische Testverfahren folgende Vorteile:

- Die Ergebnisse sind objektiver als mit anderen Verfahren.
- Die Ergebnisse sind genauer als mit anderen Verfahren.
- Die Ergebnisse liegen quantitativ vergleichbar vor und können somit leichter ausgewertet werden.
- Die Durchführung solcher Tests kann sehr kostengünstig gestaltet werden.

- Durch den Einsatz von Tests wird gegebenenfalls ein störender zwischenmenschlicher Einfluss wie bei Bewerbungsgesprächen weitgehend ausgeschaltet.

Dagegen stehen die Nachteile:

- Testverfahren werden von Entscheidungsträgern manchmal als unseriös angesehen und deshalb nicht akzeptiert.
- Andererseits legen Entscheidungsträger manchmal aber auch zuviel Wert auf solche Testverfahren, dass den Ergebnissen ein zu hoher Stellenwert zukommt.
- Für viele wichtige Kriterien der jeweiligen Eignungstests liegen noch keine geeigneten Verfahren vor.
- Auch bei Bewerbern stoßen diese Testverfahren gelegentlich auf wenig Akzeptanz.
- Oft enthalten Tests Kriterien, die für den Zweck des Tests völlig unbedeutend sind.
- Gelegentlich mangelt es an einer professionellen Ausarbeitung solcher Tests oder sie sind veraltet.
- Es fehlt manchmal die klare Trennung zwischen Privatsphäre und berufsrelevanten Charaktereigenschaften.
- Tests sind trainierbar.
- Der Zustand einer Person wird mit dem Ergebnis des Tests festgeschrieben, dadurch werden die Veränderungsmöglichkeiten der Person vernachlässigt.

Psychologische Instrumente als Hilfe bei der Personalauswahl

Gerade in wirtschaftlich und arbeitsmarktpolitisch problematischen Zeiten sind gute Mitarbeiter besonders wertvoll. Unternehmen können und müssen aus einem Angebotsüberhang von Bewerbern auswählen. Dabei ist die bestmögliche Übereinstimmung zwischen den Anforderungen einer zu besetzenden Stelle und den Fähigkeiten und Eigenschaften der Bewerber das erste Ziel. Je besser eine Person für eine ausgeschriebene Position geeignet ist, desto besser wird sie den Aufgaben gewachsen sein, wodurch sich Arbeitsmotivation und Effizienz steigern. Unternehmen profitieren wiederum von motivierten und effizienten Mitarbeitern durch höhere Qualität und minimierten Fluktuationen.

Anhand der Stellenbeschreibung lassen sich die Qualifikationsmerkmale formulieren, die ein Bewerber idealer Weise mitbringen soll. Daraus lässt sich ein Anforderungsprofil ableiten. Durch die Vielzahl verschiedener Verfahren der psychologischen Eignungsdiagnostik können die relevanten Eigenschaften eines Bewerbers geprüft werden.

Psychologische Testverfahren zur Personalauswahl werden von den Unternehmen meist als "Einstellungstestphase" zwischen die Auswertung der Bewerbungsunterlagen und dem Vorstellungsgespräch geschaltet. Diese Verfahrensweise ist als sinnvoll zu erachten, da man sich lediglich durch die Sichtung der Bewerbungsunterlagen und der Durchführung eines Vorstellungsgespräches nicht immer ein umfassendes Bild über die Eignung der einzelnen Kandidaten machen kann.

Das Personalauswahlverfahren kann aus einem Intelligenz-Leistungstest und einem Persönlichkeitstestverfahren oder nur aus einer dieser beiden Komponenten bestehen. Es dient der Messung individueller Fertigkeiten und Verhaltensmerkmale, aus denen Schlüsse auf Eigenschaften des Bewerbers und auf sein Verhalten in anderen Situationen gezogen werden können.

Die Einstellungstests lassen sich in zwei Gruppen unterteilen:

Leistungstests:

Allgemeine Leistungstests:

Verhaltensanteile, die in jeder Leistung des Menschen enthalten sind und sein gesamtes Tun formen, z. B. Intelligenz, Konzentration, Gedächtnis, Aufmerksamkeit usw. werden mit diesen Tests geprüft.

Die Konzentrationsfähigkeit wird z. B. durch Tests kontrolliert, in denen die Getesteten einfache oder schwierige Aufgaben unter Zeitdruck lösen müssen (Z. B. INKA).

Lern- und Gedächtnisleistungen in einer Prüfsituation werden mit Tests erfasst, in denen der Proband sich z. B. Vokabeln, einen Stadtplan oder Telefonnummern einprägen muss, die nach verschiedenen Zeiträumen in unterschiedlichen Formen abgefragt werden.

Spezielle Leistungstests:

Hier werden Verhaltensanteile, die zur Ausführung besonderer Anforderungen benötigt werden, abgefragt. Motorische Fähigkeiten wie das Finger- und Handgeschick können beispielsweise mit Drahtbiegeproben beurteilt werden, bei denen der Bewerber ein Stück Draht so formen muss, dass es möglichst exakt der gezeichneten Vorlage entspricht. Andere Verfahren messen sensorische Fähigkeiten, mechanisch-technisches Verständnis oder organisatorische Fähigkeiten (wie z. B. Schreibmaschinentest, Sortieraufgaben usw. für Büroberufe).

Die Ergebnisse ergeben sich aus der Zahl der richtigen Lösungen durch die Lösungszeit oder durch die Qualität der Arbeit.

Da in Leistungstests gezielt auf bestimmte berufsrelevante Kriterien eingegangen werden kann, eignet sich diese Testart sehr gut zur Ermittlung der beruflichen Eignung. Der Nachteil besteht jedoch darin, dass er kein vollständiges Bild der Begabungen eines Menschen vermitteln kann, sondern nur einen Ausschnitt zeigt. So werden z.B. soziale Fertigkeiten überhaupt nicht dabei beachtet, obwohl auch diese zum beruflichen Erfolg beitragen.

Die bekannteste Untergruppe der Leistungstests sind die

Intelligenztests:
Hierbei werden zum einen die operativen Fähigkeiten wie Bearbeitungsgeschwindigkeit, Ideenreichtum, Verarbeitungskapazität und Gedächtnis, zum anderen die inhaltsgebundenen Fähigkeiten wie z. B. sprachliches, rechnerisches oder formallogisches Denken, Kombinations-, Abstraktions- und Vorstellungsfähigkeit anhand unterschiedlicher Aufgaben geprüft, deren Ergebnisse sich dann in Form eines Leistungsprofils mit den individuellen Begabungsstärken und -schwächen als Gesamtwert interpretieren lassen. Die Ergebnisse in Untertests und die Gesamtwerte können in den "Intelligenzquotienten" umgerechnet werden. Dieser dient als statistisches Maß für den Vergleich der Leistung einer Person mit einer Bezugsgruppe, z. B. der gleichen Altersgruppe oder mit gleicher Berufsausbildung.

Ein Intelligenztest, der jedoch nur die inhaltsgebundenen Fähigkeiten prüft, hat meist keinen konkreten Arbeitsplatzbezug mehr.

Beispiele für Intelligenztests:

- IST 70
- ISA
- MIT

7.2.4 Arbeitsproben und ähnliche Verfahren

Arbeitsproben haben eine lange Tradition in der Personalauswahl.

So gibt es bereits seit langer Zeit beispielsweise Schreibtests für Schreibkräfte. Hiermit wird unmittelbar die Leistung der Bewerberinnen gemessen. Damit steht unmittelbar ein objektives Einstellungskriterium zur Verfügung.

Leider ist es nicht immer möglich eindeutige Arbeitsproben zu entwickeln. Insbesondere bei hochkomplexen Tätigkeiten kann es schwierig werden, objektive Arbeitsproben zu entwickeln.

Bei Tätigkeiten, die ein hohes Maß sozialer Kompetenz verlangen, hat sich in der letzten Zeit die Methode der **critical incidents** (kritische Ereignisse) bestens bewährt.

Diese Methode, die auch bei vielen strukturierten Interviews Verwendung findet, wird folgendermaßen angewandt:

Critical incident werden für jede zu besetzende Stelle bzw. Stellengruppe neu konstruiert. Experten (z. B. Vorgesetzte) aus dem Bereich, in dem die Stelle besetzt werden soll, werden befragt, welche wichtigen Ereignisse/Situationen an dem jeweiligen Arbeitsplatz bewältigt werden müssen.

In einem zweiten Schritt werden dann Mitarbeiter, die die gleichen oder ähnliche Tätigkeiten verrichten danach befragt, wie sie sich in den geschilderten Situationen verhalten würden. Diese Antworten werden anschließend mittels einer 5-stufigen Skala (gut - schlecht) bewertet.

Im Rahmen des Einstellungsprozesses, z. B. während eines Interviews, werden den Bewerbern/-innen dann einige dieser Situationen dargelegt und die Antworten der Bewerber/innen anschließend bewertet.

Durch diese Vorgehensweise erhält man einen Eindruck von typischen Verhaltensweisen der Bewerber in kritischen Situationen.

Beispiel für ein critical incident

Critical incident für den gehobenen Verwaltungsdienst in einer Kommunalverwaltung:
Stellen Sie sich vor, Sie sind Mitarbeiter/in in einem Amt mit Publikumsverkehr.
Sprechzeiten sind von 08:00 - 12:00 Uhr.
Anschließend machen Sie in der Regel Ihre Mittagspause.
Nun ist es 11:45 Uhr und vor Ihrer Tür sitzen noch drei Bürger.
Gleichzeitig erhalten Sie einen Anruf von Ihrem Vorgesetzten, der Sie um 12:10 Uhr sprechen möchte.
Aufgrund Ihrer Erfahrung wissen Sie, dass Sie pro Gespräch mit einem Bürger ca. 20 Minuten einplanen müssen.
Wie verhalten Sie sich?

Während eines strukturierten Interviews können ca. 4-5 dieser Fragen an die Bewerber gerichtet werden. Dadurch erhält man guten Aufschluss über allgemeine Verhaltenstendenzen der Bewerber/innen.

Auch innerhalb eines AC können critical incident eingesetzt werden.

Zusätzliche Informationen über die Bewerber/innen kann man dadurch erhalten, dass man sich die jeweiligen Antworten begründen lässt.

7.2.5 Biografische Fragebögen

Der Biographische Fragebogen ist ein Instrument der Personalauswahl, der insb. in angelsächsischen Ländern (USA, GB) bereits in den 70er Jahren eine große Bedeutung erlangt hatte. In Deutschland sind biographische Fragebögen nach wie vor eher selten anzutreffen.

Dies gilt allerdings nicht für eine spezielle Form des biographischen Fragebogens, die gerade im Öffentlichen Dienst angewandt wird: Der Personalfragebogen.

Leider muss man aber feststellen, dass der Personalfragebogen oft nicht mit dem notwendigen inhaltlichen Bezug zur Stelle konzipiert wird. Damit wird die Chance zur Generierung zusätzlicher Daten über die Bewerber oftmals ungenutzt gelassen.

Insgesamt gesehen sind biographische Fragebögen eine ernstzunehmende Alternative bei der Personalauswahl und werden auch bei der DIN 33430 ausdrücklich genannt.

Die Biographischen Fragebögen fußen auf der Idee des Vergleichs biographischer Merkmale von erfolgreichen Stelleninhabern und den biographischen Merkmalen von Bewerbern. Unter den Bewerbern werden im Sinne eines Analogieschlusses die Personen favorisiert, die über gleiche oder ähnliche Merkmale wie die erfolgreichen Stelleninhaber verfügen.

Vorteile des biographischen Fragebogens sind dann anzutreffen, wenn die Leistungen der Bewerber sehr ähnlich oder gar identisch sind.

In diesem Falle führt die Durchführung von psychologischen Tests in der Regel nicht zum Ziel.

Fragebereiche von biographischen Fragebögen

Biographische Fragebögen umfassen in der Regel Fragen aus den Bereichen:

- **Schule (Leistung, Fachpräferenzen, Aktivitäten, Erleben)**
  a) niedriger Schulabschluss
  b) kein weiterer Schulbesuch
  c) kein Schuljahr wiederholt
- **Berufswahlverhalten und -motive**
  a) Ausbildungsinformation durch Arbeitsamt

b) Mit Eltern selten über Berufswahl gesprochen

c) Ausbildungsinformationen durch Freunde

- **Freizeitverhalten**

  a) Freizeitbeschäftigung eher alleine

  b) In der Freizeit immer mit Freunden zusammen

  c) Vereinsmitgliedschaften

- **Interessen**

  a) wenige Bücher gelesen

  b) das meiste vom eigenen Geld wird gespart

- **Familie**

  a) Beruf der Mutter qualifiziert

  b) Eltern gewähren Freizügigkeit

  c) Eltern haben bei der Berufswahl beraten

- **Soziale Aktivitäten**

  a) gerne bei geselligen Veranstaltungen

  b) keine Ämter in der Schule

  c) Amt in Verein oder Jugendgruppe

- **Selbstbild**

  a) Einschätzung der Schulzeit als nicht erfolgreich

  b) Überzeugungsversuche bei Diskussionen

  c) Unzufrieden mit den Schulleistungen

- **Attributionsstil**

  a) Ärger mit Lehrern wegen schlechter persönlicher Beziehung

  b) Einschätzung der Schulzeit als nicht erfolgreich

Aus dieser Aufzählung wird deutlich, dass biographische Fragebögen umfangreiche Instrumente darstellen, die mehr als 200 Fragen umfassen können.

Beispiele für Items aus biographischen Fragebögen

Beispiel 1:

- Wie viele Reden, Vorträge etc. haben Sie in Ihrem Leben schon gehalten?

  5 und weniger
  ca. 10
  ca. 20
  ca. 50
  wesentlich mehr als 50

Beispiel 2:

- Haben Sie jemals eine Arbeitsstelle durch Kündigung seitens Ihres Arbeitgebers verloren?

  ja
  nein, allerdings selbst zuvorgekommen
  nein, nie
  nein, ... bestes Einvernehmen/ohne Probleme

Diese Items sind überdies sehr gut geeignet, auch in Personalfragebögen oder Bewerbungsbögen Verwendung zu finden.

Es werden international und im deutschsprachigen Raum eine Vielzahl von unterschiedlichen Instrumenten angeboten (z. B. "Personal History Index" von BAEHR et al, 1965), die für den spezifischen Einsatz aktualisiert und ergänzt werden müssen.

7.2.6 Berufsbezogene Persönlichkeitsfragebögen

Obgleich berufsbezogene Persönlichkeitsfragebögen auch in der DIN 33430 ausdrücklich angesprochen werden und es auch eine Reihe von Instrumenten auf dem Markt gibt (z. B. EPPS (Edwards Personal Preference Schedule) oder das deutschsprachige CPI (California Personality Inventory)) werden diese Verfahren zunehmend seltener eingesetzt. Oftmals mangelt es an dem klaren Bezug zu der jeweils zu besetzenden Stelle.

Darüber hinaus trifft es zwar zu, dass beispielsweise ein/e extravertierte/r Bewerber/in für eine Stelle mit Publikumsverkehr besser geeignet sein kann als eine Person, die eher introvertiert ist; dies sollte jedoch nicht dazu führen, dass die Persönlichkeit der Personen einen zu hohen Einfluss auf die Auswahlentscheidung haben sollte.

Auch introvertierte Personen können, bei entsprechendem Training hervorragend diesen Tätigkeiten nachgehen.

Auf der anderen Seite werden allerdings im Bereich der Führungskräfteentwicklung zunehmend Verfahren eingesetzt, die nicht nur Leistungsaspekte erfassen, sondern darüber hinaus auch Aspekte der Teamorientierung oder anderer Schlüsselqualifikationen.

Diese Verfahren haben aber einen stark verhaltensbezogenen Ansatz und sollen Hinweise liefern, welche Fortbildungen Führungspersonen benötigen, um sich weiterzuentwickeln.

Bei diesen Verfahren handelt es sich um sogenannte

- 360°-Beurteilungs- und Entwicklungssysteme für Führungskräfte

  und die

- q-sort Technik.

Beide Verfahren sollen kurz dargestellt werden.

360°-Beurteilungs- und Entwicklungssysteme für Führungskräfte

360°-Beurteilungssysteme gibt es im deutschsprachigen Raum seit etwa 1996. Seither haben sie sich in allen Bereichen der Wirtschaft und des öffentlichen Dienstes bewährt.

Diese Systeme begründen sich ausschließlich auf konkrete Verhaltensweisen.

Gemeinsames Ziel dieser Verfahren ist das Erkennen von Führungsschwächen und die anschließende Beseitigung der Schwächen. Die Führungskräfte sollen sich hierbei neue, verbesserte Verhaltensweisen erarbeiten und in der Praxis anwenden.

Hierbei wird folgendermaßen vorgegangen:

Es werden Mitarbeiter/innen, mindestens ein Vorgesetzter, andere relevante Personen aus dem Umfeld der Führungskraft (z. B. Kollegen, Kunden) und die Führungskraft selbst zum Führungsverhalten befragt (Fragebogenmethode).

Man erhält auf diese Weise mannigfache Informationen über das Verhalten der zu untersuchenden Führungskraft und kann detailliert auf Schwächen und Stärken eingehen.

Insgesamt werden Verhaltensweisen aus drei Bereichen berücksichtigt:

- Arbeitserledigung als solche
- Führen einer Arbeitsgruppe
- Selbstorganisation und Beziehung zu anderen

Jeder dieser drei Bereiche wird mit mehreren Dimensionen erfasst. So besteht ein 360°-Beurteilungssystem in der Regel aus bis zu 150 einzelnen Verhaltensweisen, die sich in bis zu 24 Verhaltensdimensionen aufgliedern können.

Die Ergebnisse der Befragungen werden mit den betroffenen Führungspersonen ausführlich besprochen.

Die Vorteile dieses Vorgehens liegen auf der Hand: Der Erfolg von Personalentwicklungsmaßnahmen wird kontrollierbar. Darüber hinaus wird der Vielfältigkeit der Menschen Rechnung getragen und akzeptiert, dass es viele individuelle Wege des Führens gibt, die zum Ziel führen können.

q-sort Technik

Die q-sort Technik geht von der Überlegung aus, dass Stärken und Schwächen von Personen "normalverteilt" sind. Das bedeutet, dass es jeweils nur wenige Verhaltensaspekte gibt, die eine Person besonders gut beherrscht und auch nur wenige Aspekte bei denen Sie sehr große Schwierigkeiten hat, aber die überwiegende Zahl der Verhaltensaspekte durchschnittlich ausgeprägt sind.

Die Vorgehensweise sieht so aus, dass eine große Anzahl von Verhaltensbeschreibungen in Kategorien verteilt werden müssen, wobei genau festgelegt ist, wie viele Verhaltensweisen in jeder Kategorie abgelegt werden dürfen. Damit kommt man zu einer individuellen Stärke-Schwächen-Analyse.

Das Verfahren kann beispielsweise so aussehen:

60 Verhaltensweisen sollen in 9 Kategorien abgelegt werden, die Zahl der Verhaltensweisen pro Kategorie ist festgelegt:

Kategorie:	1	2	3	4	5	6	7	8	9
Zahl d. Verh.weisen:	2	4	7	10	14	10	7	4	2

(Kategorie 1 bedeutet: Schwäche, Kategorie 9 bedeutet: Stärke

Damit erhält man ähnlich wie bei den 360°-Beurteilungssystemen eine individuelle Abschätzung von Stärken und Schwächen, hier allerdings mit dem Akzent der Selbstbeurteilung.

Im Rahmen der Personalauswahl lässt sich die q-sort Technik beispielsweise so nutzen, indem man die Bewerber auffordert, sich dem Verfahren zu unterziehen und die individuellen Ergebnisse mit dem "q-sort" vergleicht, das optimal für die zu besetzende Stelle definiert wurde.

Durch diese Vorgehensweise konnten bereits positive Erfahrungen in der Praxis gemacht werden.

7.3 Planung, Durchführung und Auswertung

Anforderungsanalyse

Die Anforderungsanalyse sollte die Merkmale eines Arbeitsplatzes oder einer Ausbildung, Fort- oder Weiterbildung ermitteln, die für den Erfolg und die Zufriedenheit bzw. das Commitment, besonders wichtig sind.

Eine bereits vorhandene Stellenbeschreibung oder Ausbildungsordnung oder dergleichen kann hierbei bereits hilfreich sein.

Übliche Aspekte, die bei einer Anforderungsanalyse berücksichtigt werden können, sind:

- Kognitive Fähigkeiten
- Psychomotorik
- Wahrnehmungs- und Sinnesleistungen
- Interaktiver bzw. sozialer Bereich
- Wissen und Fertigkeiten

7.3.1 Informationen über den Arbeitsplatz

Den Bewerbern/-innen sollten Informationen über den Arbeitsplatz gegeben werden. Teilweise geschieht dies bereits in manchen strukturierten Interviews.

Je früher die Informationen gegeben werden, desto eher werden Bewerber/innen in die Lage versetzt zu erkennen, inwieweit eine angebotene Stelle ihren Neigungen und Wünschen entsprechen kann.

Mit dieser Vorgehensweise wird darüber hinaus dem Gedanken Rechnung getragen, dass es sich bei Eignungsbeurteilungen um zweiseitige Prozesse handelt: Auch die Bewerber/innen sollten entscheiden können, ob eine angebotene Position die Richtige ist.

7.3.2 Vorauswahl

Im eignungsdiagnostischen Prozess spielt die Vorauswahl eine wichtige Rolle.

Durch die Vorauswahl sollen zu einem frühen Zeitpunkt die Personen identifiziert werden, die grundlegenden Anforderungen der Position nicht gewachsen sind. Deshalb soll die Vorauswahl von der Anforderungsanalyse abgeleitet sein.

Darüber hinaus ist die Bedeutung der Vorauswahl abhängig von dem eingesetzten diagnostischen Verfahren, da mit der Festlegung der Auswahlmethode über die Zahl der Personen entschieden wird, die den eignungsdiagnostischen Prozess vollständig durchlaufen.

So hat die Vorauswahl bei der Methode "Interview" eine größere Bedeutung, als beispielsweise bei den Methoden "Assessment Center" oder "Tests".

7.3.3 Untersuchungssituation

Die Bewerber/innen sollten bereits bei der Einladung zu einem Auswahlverfahren darüber informiert werden, wie der Ablauf aussehen wird.

Zu Beginn der Untersuchung sollten die Teilnehmer/innen eingehend über den Ablauf informiert werden. Hierbei sollten insbesondere die folgenden Punkte angesprochen werden:

- Ziele, Ablauf, Dauer und Funktion der Untersuchung
- beteiligte Personen, deren Qualifikation und Funktion
- mögliche Folgen mangelnder Kooperation
- Datenschutz

Die Bewerber/innen sind über den Tagesablauf zu informieren, dabei sind Pausen einzuplanen, damit es nicht zu einer Überbeanspruchung der Teilnehmer kommt.

Die Untersuchungsumgebung sollte angemessen räumlich und sächlich ausgestattet sein.

7.3.4 Gesetzliche Vorgaben

Zulässige/unzulässige Fragen im Einstellungsgespräch

Zulässige Fragen

- beruflicher Werdegang
- vorheriges Gehalt
- chronische Erkrankungen
- Berufskrankheiten

Unzulässige Fragen

- Gewerkschaftszugehörigkeit
- bevorstehende Heirat
- Krankheiten allgemeiner Art
- Religionszugehörigkeit
- Parteizugehörigkeit
- bestehende Schwangerschaft

Darüber hinaus sind zu berücksichtigen:

- Schweigepflicht
- Datenschutzbestimmungen
- Mitwirkungsrechte

Der öffentliche Dienst hat zudem eine Reihe von zusätzlichen Rechtsgrundsätzen zu berücksichtigen:

7.4 Planung, Durchführung und Dokumentation

In der Planung der Eignungsbeurteilung werden vorab alle Aspekte der Durchführung und Auswertung der zur Verwendung kommenden Verfahren festgelegt. Auch die Ergebnisvermittlung an die Bewerber/innen wird in diesem Stadium festgelegt.

Im Einzelnen ist auf folgende Aspekte zu achten:

- Die Reihenfolge der Verfahren bzw. Verfahrensteile wird festgelegt. Von dieser Reihenfolge darf nur abgewichen werden, wenn den Bewerbern/-innen daraus keine Vor- oder Nachteile erwachsen.
- Es ist zu regeln, wie mit evtl. Nachfragen umgegangen wird.
- Bei Verfahren, die auf Beobachtungen oder mündlich gewonnenen Daten beruhen, müssen den Beurteilungskategorien vorab Beispielverhaltensweisen bzw. Beispielaussagen zugeordnet werden.
- Bei schriftlichen Aufgaben ist zu klären, wie mit nicht bearbeiteten Teilaufgaben umgegangen wird.
- Die Objektivität der Durchführung der Verfahren muss gewährleistet sein.
- Anweisungen bzw. Erläuterungen an die Bewerber/innen müssen verständlich, eindeutig und standardisiert erfolgen.

- Wird von den vorab definierten Verfahrensweisen abgewichen, muss dies protokolliert werden.
- Die Auswahl der Verfahren und das Vorgehen muss nachvollziehbar sein.

Dokumentiert werden sollten in der Regel:

- Die Instruktionen
- Verfahrenselemente (z.B. Interviewleitfaden, Ratingskalen, Beurteilungsbögen)
- Einstufungshilfen/Regeln für die Ableitung der Eignungsbeurteilung

7.5 Auswertung, Interpretation, Urteilsbildung

Die **Auswertung** richtet sich nach den zuvor festgelegten Vorschriften (Planung) bzw. nach den, in den Testmanualen vorgeschriebenen Verfahrensregeln.

Es dürfen nur Informationen zu anforderungsrelevanten Eignungsmerkmalen ausgewertet werden.

Geben mehrere Beobachter ein Urteil ab, so sind das Gesamtergebnis und die Streubreite zu dokumentieren.

Die Festlegung der Regeln zur **Interpretation** der Verfahrensergebnisse und zur abschließenden Beurteilung erfolgt durch den verantwortlichen Autor des eignungsdiagnostischen Verfahrens. Die individuellen Ausprägungen der interessierenden Merkmale sind im Blick auf die Referenzgruppe zu bewerten.

Die Interpretation und die Eignungsbeurteilung müssen sich nach den Grundsätzen der Objektivität, sowie der Unparteilichkeit und Unabhängigkeit in Bezug auf die Personen zu richten.

Bei der **Urteilsbildung** ist darauf einzugehen, auf welche Verfahrensergebnisse sich die Eignungsbeurteilung stützt. In die Urteilsbildung gehen alle sachdienliche Informationen, z. B. auch Informationen aus den Bewerbungsunterlagen, ein. Die Darstellung muss auch für Laien sprachlich verständlich sein.

Werden Textbausteine bei der Befundinterpretation verwendet, oder fußt der Befund auf ein computergestütztes Verfahren mit automatisierter Klassifikation ist dies gesondert mitzuteilen.

Auch bei automatisierten Interpretationen trägt der Autor der eignungsdiagnostischen Prozedur die Verantwortung für die Richtigkeit des Befundes.

7.6 Qualitätskriterien und -standards

7.6.1 Verantwortlichkeiten beim Vorgehen

Der Autor der eignungsdiagnostischen Prozedur ist in erster Linie der Verantwortliche für die Planung, Durchführung, Auswertung Interpretation und Dokumentation.

Er hat die Fachaufsicht über andere, an der Auswahl beteiligte Personen.

Der Autor muss:

- Die Verfahren zur Eignungsbeurteilung auswählen und zusammenstellen.
- Die Untersuchungssituation planen.
- Die Beurteilungsregeln festlegen.
- Die Interpretationsregeln festlegen.

Aber: Der Autor trifft nicht die Personalentscheidung!

7.6.2 Qualitätskriterien der eingesetzten Verfahren

Es sollen nur die Verfahren eingesetzt werden, die nachweislich einen Bezug zu den Anforderungen haben. Dieser Bezug ist durch eine Anforderungsanalyse festzustellen.

Bei der Auswahl der Verfahren sind nachfolgende Kriterien zu beachten.

Darüber hinaus sind auch die Besonderheiten der jeweiligen Eignungsbeurteilung zu berücksichtigen (z. B. Zahl der offenen Stellen und die Art und Qualifikation der Bewerber/innen):

- Objektivität
- Reliabilität (Zuverlässigkeit)
- Validität (Gültigkeit)
- Normwerte

7.6.3 Qualifikationsanforderungen an die Durchführenden

Je nach eingesetzter Methode sollten die an den Personalentscheidungen beteiligten Personen über grundlegende Kenntnisse und Fertigkeiten bei der Durchführung von Instrumenten der Personalauswahl verfügen.

Diese grundlegenden Kenntnisse sind vom Autor der eignungsdiagnostischen Prozedur in geeigneter Weise zu vermitteln.

Darüber hinaus sollte der Autor einer eignungsdiagnostischen Prozedur Kenntnisse über folgende Aspekte nachweisen (in Auszügen):

Zur Anforderungsanalyse

- Kenntnisse der Arbeits- und Anforderungsanalyse
- Kenntnisse über Methoden zur Operationalisierung von Eignungsmerkmalen

Zu Verfahren

- Grundkenntnisse über Verfahren der Eignungsbeurteilung
- statistisch-methodische Grundlagen
- Testtheorien
- Evaluationsmethodik
- Konstruktgrundlagen
- Einsatzmöglichkeiten
- Durchführungsbedingungen
- Gütekriterien
- Gutachtenerstellung

Zu Eignungsbeurteilung

- Kenntnisse der Vorgehensweisen in der Eignungsbeurteilung
- Kenntnisse über verschiedene Strategien der Eignungsbeurteilung
- Abschätzung der Prognosegüte
- Kenntnisse der Ergebnisse einschlägiger Evaluationsstudien

Kasten 7.1

Das Arbeitszeugnis

Das Arbeitszeugnis stellt im Rahmen der Personalauswahl eine wichtige Informationsquelle dar (Analyse der Bewerbungsunterlagen). Die Kenntnis der sog. Zeugnissprache kann damit von großer Wichtigkeit sein. Die nachfolgenden Hinweise zur Zeugnisgestaltung und Zeugnissprache sollen einige Beispiele für die Interpretation von Zeugnissen geben.

Die Positiv-Skala-Technik

Eine Beurteilung muss wohlwollend sein!

Es kommt deshalb darauf an, in welchem Maße ein Mitarbeiter gelobt wird.

sehr gut	stets zu unserer vollsten Zufriedenheit
gut	stets zu unserer vollen Zufriedenheit
befriedigend	zu unserer vollen Zufriedenheit
ausreichend	(stets) zu unserer Zufriedenheit
mangelhaft	insgesamt zu unserer Zufriedenheit

Eine Stufung erfolgt durch Variation des Zufriedenheitsgrades (vollsten Zufriedenheit) sowie durch den Zeitfaktor (stets).

Die Leerstellen-Technik

Statt einer Negativ-Aussage macht man keine Aussage!

Dabei ist die Pflicht zur Vollständigkeit zu beachten. Ein Grenzfall der Leerstellen-Technik stellt das *Einfache Zeugnis* dar. Folgende Zeugniskomponenten können fehlen: Sozialverhalten gut, Leistungsbeurteilung fehlt und vice versa, Schlussformel fehlt.

Aussagen von zentraler Bedeutung fehlen (z. B. zur Kreativität bei Werbetextern, zur Zuverlässigkeit oder Diskretion insb. im Personalbereich, zur systematischen Arbeitsweise bei in der Forschung Tätigen, zur Führung von Mitarbeitern bei Führungskräften (wird aber oft vergessen, deshalb Vorsicht), die Schlussformel (besonders wichtiger Hinweis).

Die Reihenfolge-Technik

Unwichtiges wird *vor* Wichtigem geschildert!

Zum Beispiel: "Er war für den Einkauf von Büromaterial, Werkzeugen und Investitionsgütern zuständig."

Das Wort "insgesamt".

Insgesamt waren wir mit den Leistungen zufrieden (= negativ).

Die Ausweich-Technik
Unwichtiges wird *anstelle* von Wichtigem hervorgehoben: "Er setzte sich für die Interessen/Belange der Firma ein." (Dies ist für einen Leitenden Angestellten eine Selbstverständlichkeit und muss nicht hervorgehoben werden.) Wenn bei einem Verkäufer die guten Verkaufsberichte hervorgehoben werden, aber keine Aussagen zum Verkaufs*erfolg* gemacht werden. Wenn einem Ingenieur gutes technisches Verständnis attestiert wird.

Die Einschränkungs-Technik
Neben den vorgetragenen Beispielen: "Er engagierte sich auch in unserem Fachverband und galt dort (= nicht bei uns) als Fachmann." "Wir bescheinigen/bestätigen (= weil er es fordert) ihm (= niemandem sonst) ohne Bedenken (= aber nicht mit Überzeugung) ..."
Negativ sind Anfangsverben: Aufgreifen, beginnen ...
Positiv sind Abschlussverben: Erledigen, aufgebaut, entwickeln ...
Die bereits beschriebenen Zeiteinschränkungen (stets) sind ebenfalls Bestandteil dieser Technik.

Die Andeutungs-Technik
Durch die Sprache nahe gelegte Mehrdeutigkeit werden in der Zeugnissprache fast immer *negativ* gemeint!
"Sie hat sich im Rahmen ihrer Fähigkeiten (= geringe Fähigkeiten) eingesetzt." "Er hat seine Aufgaben in der heutzutage üblichen Art und Weise (= mit geringer Arbeitsmoral) erledigt.
Das Wort "Gelegenheit" meint in der Regel *ungenutzte* Gelegenheit.
Eine unklare Beendigungsinitiative des Arbeitsverhältnisses = arbeitgeberseitige Kündigung. "Wir wünschen Ihm für die Zukunft alles nur erdenklich Gute (= er hat es nötig)."
"Gehäufte Passivierung" können darauf hindeuten, dass es sich um einen Mitarbeiter mit geringem Engagement handelt, der "geschehen lässt". Allerdings kann es auch ein altes Mitarbeiterverständnis (Mitarbeiter = Untergebener) widerspiegeln.
Negativ besetzte Wörter der Alltagssprache (Tadel, Klage, ...) werden durch die Verneinung *nicht* aufgehoben/negiert. Ein Verhalten, das "nie zu Klagen Anlass gab", ist demzufolge auch kein lobenswertes Verhalten.

Die Knappheits-Technik
Sehr kurze Zeugnisse (unter ¾ Seite), die einzeilig geschrieben sind, signalisieren bei qualifizierten Mitarbeitern eine bewusste Abwertung.
Problematisch ist ebenso zu sehen, wenn Aufgabenbeschreibung, Leistungsbeurteilung, ... nur aus einem Satz besteht.
Eine Reduzierung der Aufgabenbeschreibung auf Hierarchieposition, Beruf, Ausbildung, Funktion, Abteilung muss der Arbeitnehmer *nicht* hinnehmen.

Die Widerspruch-Technik
Alarmierend ist die Tatsache, wenn z. B. eine sehr gute Leistungs- und Verhaltensbeurteilung *ohne* Dankes-Bedauern-Formel abschließt. Damit wird Kritik deutlich gemacht.
Interessantes/Wichtiges und Uninteressantes/Unwichtiges über die Person/Arbeiten werden *in einem Satz* erwähnt:
"... Verzahnung und Optimierung von Produktion, Absatz und Bestand, laufende Eingabe und Pflege der diversen Einzeldaten in verschiedene EDV-Systeme (= umfangreiche Datentypisten-Arbeit)"

Fachsprache oder Geheimcode
Eine Fachsprache ist notwendig, damit sich Sender und Empfänger (alter/neuer Arbeitgeber) verstehen.
Hoch normiert ist heute die allgemeine Leistungsbeurteilung mittels der beschriebenen Zufriedenheitskala. Weniger normiert sind die Beurteilung des Sozialverhaltens und der Schlusssatz.
Die Zeugnissprache ist *kein* Geheimcode!
Sie ist allgemein zugänglich, aber den Betroffenen nicht ausreichend bekannt.
Die Arbeitsgerichte haben viel zur Zeugnisgestaltung beigetragen im *Spannungsfeld zwischen Wahrheit und Wohlwollen.*

8. Personalentwicklung

Eine mögliche Definition für den Begriff Organisationsentwicklung (OE) wird gemäß dem Handbuch für Führungstechnik und Organisation (Hrsg. von Franz, O., Stand v. 15.09.1994) folgendermaßen beschrieben:

"Im Ansatz der OE wird nicht versucht eine Struktur analytisch zu entwikkeln und vorzugeben, sondern die Mitarbeiter in der Organisation selbst in die Lage zu versetzen, ihre Probleme zu erkennen und organisatorische Regelungen zu schaffen, die den Leistungserfordernissen der Unternehmung und den Bedürfnissen ihrer Mitarbeiter angemessen sind."

Das bedeutet, dass die Mitarbeiter und Mitarbeiterinnen aufgefordert werden, diese Bedingungen selbst zu erkennen und zu entwickeln. Die Wege dorthin sind vielfältig und werden unterschiedlich diskutiert.

Um nur einige Möglichkeiten zu nennen:

- Traditionell arbeiten sog. encounter groups (Begegnungsgruppen) der Mitarbeiter/innen auf dieses Ziel hin.

- In Qualitätszirkeln sollen die Mitarbeiter/innen zusammenarbeiten um die OE voranzubringen.
- Es können Zielvereinbarungen zwischen der Verwaltungsspitze und den Bediensteten getroffen werden, die dazu führen, dass gemeinschaftlich Verbesserungen erreicht werden.
- Im Rahmen des Total Quality Managements (TQM) werden Ziele gemeinsam definiert, deren Erreichungsgrad messbar wird. Schwachstellen in der Organisation lassen sich somit leicht erkennen und ggf. beheben.

Allen diesen Ansätzen ist gemeinsam, dass dem einzelnen Mitarbeiter ein höheres Maß an Verantwortung für die Gesamtaufgabe zukommt als dies bisher der Fall war. Dies führt jedoch zu Konsequenzen, die berücksichtigt werden müssen:

- Mehr Verantwortung bedeutet gleichzeitig höhere Anforderungen an Kenntnisse, Fertigkeiten und u. U. Fähigkeiten.
- Es wird die Erwartung geäußert, dass mit zunehmender Verantwortung auch die Arbeitszufriedenheit und -motivation zunehmen werden, d. h. es wird implizit ein humanistischer Ansatz zur Arbeitsmotivation vertreten.

Dabei wird zunächst unterstellt, dass die Mitarbeiter/innen

- mehr Verantwortung übernehmen wollen,
- fähig sind, mit diesem erhöhten Maß an Verantwortung umzugehen,
- sich notwendige Zusatzqualifikationen durch übliche Fortbildungsveranstaltungen aneignen können.

Zur Klärung dieser Sachverhalte ist es notwendig, neben der traditionellen Fortbildung weitere Möglichkeiten der Qualifizierung von Mitarbeitern/innen vorzusehen.

Ein Sammelbegriff für diese Möglichkeiten lässt sich in dem Begriff "*Personalentwicklung*" (PE) sehen.

8.1 Zum Begriff Personalentwicklung

In einem weiten Sinne, der über eine enge Beschreibung der PE mit den Elementen

- Berufsausbildung
- Umschulung
- Führungsbildung
- Fort- und Weiterbildung

und der damit oftmals verbundenen mangelnden Systematik, der Angebotsorientierung und dem Auffüllen akut gewordener Qualifikationslücken hinausgeht, beinhaltet PE:

- Bildung
- Förderung
  - Nachfolge- und Laufbahnpläne
  - Einarbeitungspläne
  - Leistungsbeurteilungen
  - Mitarbeiter/innengespräche
  - Coaching
  - Förderung des Führungsnachwuchses
- Bedarfsanalyse von Bildung und Förderung
- Erfolgskontrolle durchgeführter Maßnahmen

Personalentwicklung wird immer stärker systematisiert!

8.2 Gründe für Personalentwicklung

Eine Zielbeschreibung sieht zunächst so aus, dass durch geeignete PE-Maßnahmen die Leistungen der Mitarbeiter/innen und deren Zusammenarbeit verbessert werden sollen.

In der sog. Privatwirtschaft werden mit PE-Maßnahmen folgende Ziele verknüpft:

- Das Unternehmen will effektiv und effizient bleiben;
- Sehr gut qualifizierte Mitarbeiter/innen werden als "Investitionsgut" von großer Wichtigkeit gesehen;
- PE dient der Motivation, Leistungserhaltung und -steigerung von Mitarbeiter/innen;
- Fluktuation soll vermindert werden;
- Innerbetrieblicher Aufstieg soll verbessert bzw. ermöglicht werden;
- Imageverbesserungen des Unternehmens in der Öffentlichkeit und gegenüber dem Personal;
- Im Rahmen der PE wird das Personal mit der Unternehmenskultur bekannt gemacht; darüber hinaus ist die Etablierung von PE ein Indikator für die Güte der Unternehmenskultur;

- Bei der Förderung des Führungskräftenachwuchses durch PE-Maßnahmen wird dieser mit den betrieblich definierten Schlüsselqualifikationen bekannt gemacht und auf diese gleichsam eingeschworen.

Für die öffentliche Verwaltung sind darüber hinaus folgende Gründe für PE zu nennen:

- Der Wandel der Verwaltung zu einem modernen Dienstleistungsunternehmen erfordert besser gebildete und motivierte Mitarbeiter;
- Schlechte Karrieremöglichkeiten und oftmals willkürlicher Einsatz von Mitarbeiter/innen führen zu mangelndem Engagement des Personals;
- Bei den hoheitlichen Ordnungsaufgaben und gesetzlich vorgeschriebenen Leistungen soll die Entwicklung in Richtung Bürgernähe gesteuert werden;
- Das schlechte Image der öffentlichen Verwaltung lässt sich durch den Einsatz moderner Managementmethoden verbessern;
- Das Schlagwort "Verwaltungsreform" ist in aller Munde: eine Verwaltungsreform ist ohne gleichzeitige OE und PE nicht vorstellbar.

Gründe für PE für die Mitarbeiter und Mitarbeiterinnen

- Für die individuelle Karriereplanung sind PE-Konzepte notwendige Voraussetzungen;
- PE bietet Mitarbeitern/innen die Möglichkeit zur systematischen beruflichen und persönlichen Weiterentwicklung;
- PE erfüllt den Anspruch von Mitarbeitern/innen demokratisch an dem Arbeitsprozess mitzuwirken und diesen gestalten zu können;
- Der individuelle Arbeitsplatz wird sicherer;
- Die Mitarbeiter/innen sehen eher einen Sinn in ihrer Tätigkeit, da sie die Verknüpfungen mit anderen Belangen besser kennen.

8.3 Methoden der Personalentwicklung

Entwicklung der Karriere

Entwicklung der Karriere hat Verbindungen zum Bereich "Entwicklung der MA". Deshalb gelten alle Aussagen aus diesem Bereich uneingeschränkt auch hier.

Schlüsselbegriffe in diesem Bereich sind:

- Job rotation
- Job enlargement
- Job enrichment

Job rotation bedeutet, dass jede/r MA verschiedene Aufgaben in der Organisation wahrnehmen sollte. Dies vergrößert die Kenntnisse und Fertigkeiten, erhöht die Arbeitszufriedenheit und stärkt das Commitment der MA.

Job enlargement bedeutet, dass die MA mehr Elemente/Tätigkeiten bei einer Aufgabe durchführen. Sie handeln als ihre eigenen Vorgesetzten (Stichwort: Abflachung der Hierarchien)

Job enrichment bedeutet den Wechsel einer Tätigkeit hin zu einer anspruchsvolleren/interessanten Tätigkeit.

Bewertung der Arbeitsleistung

Eine wichtige Grundlage für individuelle Karriereschritte der Mitarbeiter (MA) stellen regelmäßige Leistungsbewertungen dar.

Auch regelmäßige MA-Gespräche bilden hierzu eine wichtige Grundlage.

Ein wichtiger Grundsatz sollte hierbei sein, dass nur die MA, die um ihre Probleme wissen, diese langfristig beseitigen können.

Wie diese Bewertungen aussehen, kann von Organisation zu Organisation verschieden sein.

Wichtig ist, dass diese Bewertungen stattfinden.

Die Bewertungen sind angemessen zu dokumentieren und zu besprechen.

Training

Auf der Basis der Leistungsbewertungen sind individuelle Trainingsprogramme (im Sinne der Anpassungsfortbildung und Weiterbildung) zu entwickeln.

Die Führungskraft hat Sorge zu tragen, dass diese Programme auch tatsächlich durchgeführt werden. Entsprechende Möglichkeiten für die MA sind zu eröffnen.

Training on the job ist die Basis für jede Art von Personal- und Karriereentwicklung.

Personalauswahl, Training und Arbeitsplatzentwicklung gehen Hand in Hand.

9. Methodische Grundlagen der Organisationspsychologie

9.1 Grundlagen der psychologischen Methodik

Die Psychologie ist eine empirische, auf Erfahrungen beruhende Wissenschaft. Ihre Erkenntnisse beruhen in großem Maße auf Messungen, Experimenten und Befragungen. Die Psychologie *operationalisiert* Phänomene, um sie so der Forschung zugänglich zu machen, d. h. die Untersuchungsgegenstände werden quantifizierbar gemacht. Nur dann können sie sinnvoll untersucht werden.

Kasten 9.1

Der psychologischen Forschung stehen verschiedene Methoden zur Verfügung:

- Fallstudien
- Feldstudien
- Experimente
- Fragebogenerhebungen (auch von angeleiteten Laien durchführbar)
- psychologische Tests

Die gewonnenen Befunde werden anschließend mit anspruchsvollen mathematischen Methoden ausgewertet. Diese Auswertung muss ebenso wie die Durchführung in der Regel durch Fachkräfte (Organisationspsychologen) vorgenommen werden.

9.1.1 Verteilung von Messwerten

Man kann davon ausgehen, dass fast alle psychischen Merkmale normalverteilt sind. Eine Normalverteilung zeichnet sich durch die charakteristische Glockenform (Gauß'sche Glockenkurve) aus. Hierbei befinden sich viele Messwerte in der Nähe des Mittelwertes und nur wenige Messwerte zeigen eine sehr hohe oder sehr niedrige Ausprägung des untersuchten Merkmals.

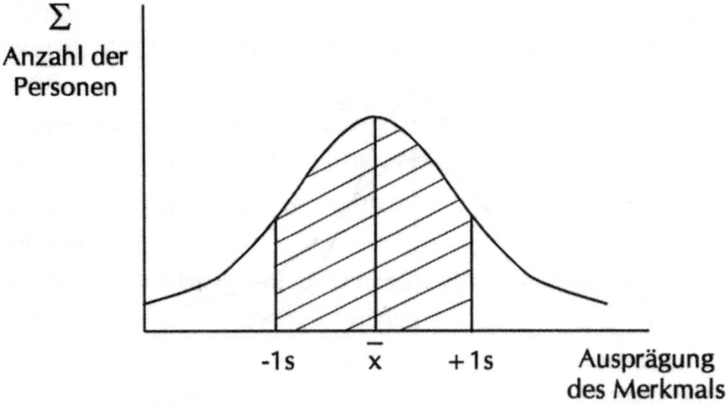

Abb. 9.1: Grafische Darstellung der Normalverteilung

9.1.2 Elementare Auswertungen Deskriptive Statistik

- Mittelwertberechnung
- Berechnung der Standardabweichung
- Korrelationsberechnung

Mit diesem Maßen lassen sich Messwertverteilungen recht genau beschreiben. Mit geeigneten Taschenrechnern lassen sich die Maße einfach ermitteln. Hierbei ist beim Kauf eines Taschenrechners zu beachten, dass die Tastatur folgende Symbole enthält:

$\bar{x}$: Mittelwert der Verteilung

s: Standardabweichung, zeigt die Form der Verteilung, d. h. ob es sich um eine schmalgipflige Verteilung (geringe Standardabweichung) handelt oder ob es sich um eine breitgipflige Verteilung (hohe Standardabweichung) handelt.

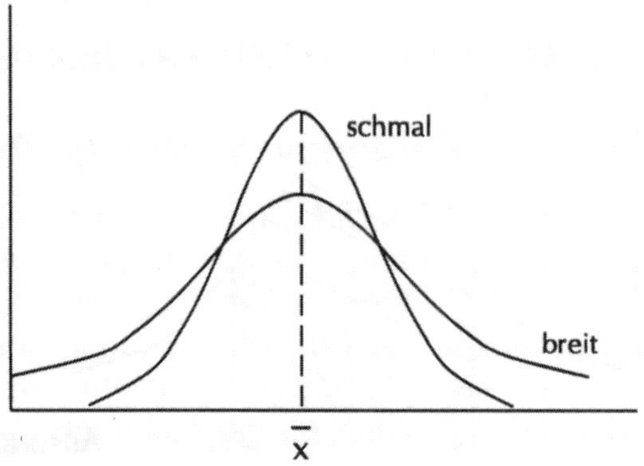

Abb. 9.2: Darstellung einer breit- und einer schmalgipfligen Normalverteilung bei identischen Mittelwerten

r: Korrelationskoeffizient, zeigt den Zusammenhang zwischen zwei Messreihen an. Dabei kann der Korrelationskoeffizient Werte zwischen -1.00 bis +1.00 annehmen. Eine Nullkorrelation (r = .00) bedeutet, dass zwischen beiden Messreihen kein Zusammenhang besteht.

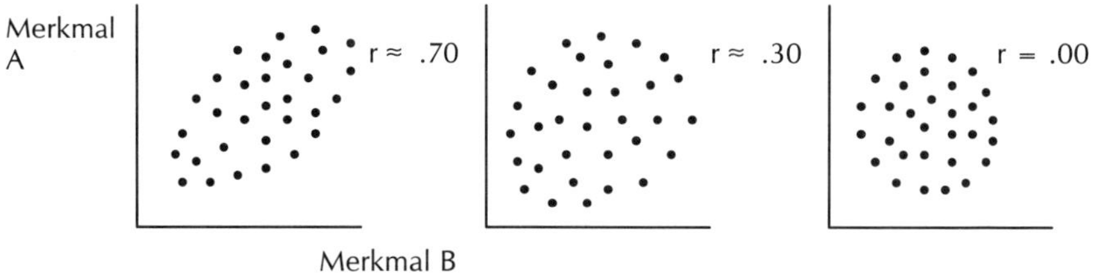

Abb. 9.3: Darstellung einer hohen positiven Korrelation, einer niedrigen positiven Korrelation und einer Nullkorrelation

9.1.3 Schlussfolgernde Auswertungen = Inferenzstatistik

- Faktorenanalysen
- Varianzanalysen
- Regressionsanalysen

Diese Auswertungen müssen von Organisationspsychologen durchgeführt und interpretiert werden. Es wird dringend davor gewarnt, die Berechnungen ohne das nötige Fachwissen durchzuführen.

Mit der *Faktorenanalyse* wird ermittelt, welche Fragen/Stellungnahmen (z. B. bei einer Befragung) zu einem Merkmal gehören.

Mit der *Varianzanalyse* werden Ursache-Wirkungsverhältnisse aufgeklärt.

Die *Regressionsanalyse* beschreibt den Einfluss, den verschiedene Variablen auf ein Merkmal haben.

In der Praxis werden zunehmend Fragebogenerhebungen durchgeführt. Zumindest bei der Konstruktion der Fragebogen wird oft darauf verzichtet, sich von einem Organisationspsychologen beraten zu lassen. Deshalb wird auf die Probleme bei Fragebogenerhebungen ausführlich eingegangen. Bei der Auswertung und Interpretation sollten Organisationspsychologen jedoch unbedingt beteiligt werden.

9.2 Fragebogenerhebungen

Befragungen können in verschiedener Weise stattfinden, wobei ein Unterscheidungskriterium das Ausmaß der Systematisierung ist.

Eine Befragung kann dabei mündlich (Interview) oder schriftlich (Fragebogen) durchgeführt werden.

Die Darstellung stellt systematische schriftliche Befragungen in den Mittelpunkt.

Befragungsformen

- Sozialwissenschaftliche Forschung (auch: Diplomarbeiten)
- Demoskopie (Meinungsforschung, Wahlforschung...)
- Marktforschung
- Bürgerbefragungen (alle Bürger oder definierte Teilgruppen)
- Kundenbefragungen (Besucher bzw. direkte Klienten)
- Mitarbeiterbefragungen (allgemein / zu speziellen Themen)
- Aktionsforschung (Projekte der Beteiligten/Betroffenen selbst)
- Evaluation (formative/summative)

Anforderungen an Befragungen

- Ergebnisse sollen gültig sein, sinnvoll interpretierbar im Hinblick auf die Ausgangsfragestellung/ Hypothesen

- Ergebnisse sollen überprüfbar sein, gegebenenfalls replizierbar in weiteren Erhebungen
- Wiederholte Messung zur Feststellung von Veränderungen sollen möglich sein
- Ergebnisse der Stichprobe sollen repräsentativ sein für die definierte Grundgesamtheit/ Population
- Befragung soll Sinn machen für die Beteiligten/Befragten
- Bei aktivierenden Befragungen: Befragte sollen zur Reflexion und weiteren Mitarbeit angeregt werden.

In Organisationen des öffentlichen Dienstes werden zunehmend Befragungen durchgeführt.

In die Ergebnisse von Befragungen werden große Erwartungen gesetzt, die sich aufgrund einer unzureichenden Kenntnis über die sachgerechte Gestaltung der Befragungsinstrumente, einer schlecht ausgewählten Stichprobe oder einer nicht angemessenen Auswertung, nicht immer erfüllt werden.

Einige Aspekte, die zu einer sachrechten Befragung zählen, sollen kurz angesprochen werden.

- Die Planung einer Befragung
- Die Konstruktion eines Fragebogens
- Die Auswertung eines Fragebogens
- Die Darstellung der Ergebnisse der Befragung
- Die Auswahl der Befragten

9.3 Planung und Durchführung einer Befragung

Durchführungsschritte bei Befragungen: Phasen am Beispiel von Mitarbeiterbefragungen

- Planung
- Vorbereitung
- Durchführung
- Auswertung
- Darstellung der Ergebnisse
- Interpretation der Ergebnisse
- Gegebenfalls Konsequenzen, Initiierung von Veränderung
- Literatur

A. Planungsphase

- Initiative zu einer MA-Befragung (Herausarbeitung von Zielen und Zwecken)
  - Typische Anlässe derzeit:
- Reformen
- geplante oder vollzogene Veränderungen
  - Frühzeitige Einbeziehung aller Beteiligten zur Vertrauensbildung und kooperativen Mitarbeit
- insbesondere Betriebsrat; Beauftragte
- Regel: je mehr Beteiligung, desto höher die Rücklaufquote
- Berücksichtigung, möglichst Einbeziehung der unterschiedlichen Interessen in die Gesamtkonzeption
- Erarbeitung eines konsensfähigen Gesamtkonzeptes;
- Kostenkalkulation für das gesamte Projekt (incl. Umsetzungsphase!)
- Formale Entscheidung und Verabschiedung durch die verantwortlichen Personen und Gremien

B. Vorbereitungsphase

- Entscheidung über Verantwortlichkeiten und Beteiligung
- Festlegung der Federführung (meist Hauptamt bzw. Organisationsamt)
- Bildung einer Steuerungsgruppe (beratend, entscheidend..?)
- Entscheidung über die Einbeziehung externer Berater
- Festlegung der Entscheidungskompetenzen (fachlich, formal)

C. Differenzierung der Projektplanung: Überblick

- Festlegung der Befragungsziele und Entwicklung der Erhebungsinstrumente (inhaltliche und methodische Gestaltung)..
- Z.B. Mitarbeiterbefragung und Vorgesetztenbeurteilung?
- Vollerhebung oder Stichprobe (Vor- und Nachteile; methodische Aspekte)
- Sicherung der Vertraulichkeit der Datenerhebung und Auswertung
- Festlegung der Auswertungsarten (z.B. kleinste Einheit)
- Wer erhält wann welche Ergebnisse?

- Wie werden Ergebnisse mitgeteilt? (Moderation; Coaching für Vorgesetzte)
- Welche Konsequenzen sollen/können Ergebnisse haben?
- Folgeprozesse zur Umsetzung? Wer darf/soll was tun?
- Weitere Befragung zur Feststellung der Effekte? Wann?

D. Vorbereitungsphase: Quellenstudium zu Befragungsthema und Methodik

- Datenbankenrecherche durchführen
- Relevante Literatur sichten.

E. Vorbereitungsphase: Festlegung der Erhebungsart

Ausgangsfrage: Soll eine qualitative oder quantitative Studie durchgeführt werden?

- **Qualitative Datenerhebung:**
  Leitfadeninterviews (offen, halbstrukturiert)
  - Ziele: Erkundung; Gewinnung von Material, z.B. Fallstudien
  - Vorbereitung von quantitativen Erhebungen (Material für Fragebogenitems)
  - Überprüfung von Hypothesen.

Qualitative Datenerhebungen sind zumeist nicht repräsentativ.

- **Quantitative Datenerhebung:**
  Die quantitative Datenerhebung ist die typische Befragungsform zur Gewinnung repräsentativer Ergebnisse.
- Es werden Fragebögen (halbstrukturiert, geschlossen) verwendet.

Das Vorgehen bei der Durchführung quantitativer Studien zeigen die folgenden Punkte.

F. Vorbereitung

Es muss die Frage geklärt werden, wie groß die zu untersuchende Stichprobe sein muss. Hierbei spielt die jeweilige Fragestellung der Stichprobe eine wesentliche Rolle.

Dabei gelten folgende Regeln:

- Die Stichprobe (n = Anzahl der zu untersuchenden Personen) soll ein möglichst genaues Abbild der Population/Grundgesamtheit (N) ergeben.

- Damit werden die Stichprobenergebnisse repräsentativ.
- Die Stichprobengröße ist abhängig von der:
  - Größe der Population
  - Fragestellung (z.B. Untersuchung von kleinen Untergruppen oder speziellen Merkmalskombinationen, die hinreichend große Teilstichproben umfassen müssen für statistische Analyse)
  - Erwartete Größe der Effekte im Verhältnis zum angestrebten Signifikanzniveau (z.B. Unterschiede von Untergruppen: Je größer die Stichprobe, desto eher werden auch kleine Unterschiede zwischen Gruppen oder niedrig ausgeprägte Korrelationen signifikant. Gefahr der Fehlinterpretation von Signifikanzwerten: "signifikanter" Wert bedeutet nur, dass dieser wahrscheinlich nicht zufällig ist – nicht aber, dass die Größe dieses Wertes auch bedeutsam ist im Sinne der Hypothesen.)

G. Verfahren zur Auswahl von Stichproben

- Nicht zufallsgesteuerte Auswahlverfahren
- willkürliche Auswahl
- bewusste Auswahl (gezielt, nach Gutdünken: z.B. Auswahl "typischer Fälle" nach vorher festgelegten Kriterien)
- Quoten-Auswahlverfahren (geschichtete willkürliche Auswahl von Befragten nach festgelegtem Anteil von Merkmalskombinationen)
- Zufallsgesteuerte Auswahl
- Vorteil: Merkmalsausprägungen in der Population müssen nicht bekannt sein: Zufallsauswahl sichert Repräsentativität
- Jede Einheit (je nach Fragestellung: Person, Institution.....) muss die gleiche Chance haben, in die Stichprobe aufgenommen zu werden. (Deshalb sind z.B. Straßenbefragungen meist problematisch)
- Verfahren: Karteiauswahl nach Zufallsprinzip (Lostrommel, ersetzbar z.B. durch Zufallszahlen)
- Gebietsauswahl: Zufallsauswahl räumlicher Einheiten (z.B. Stadtteile, Kommunen), in deren Flächenbereich Personen, Haushalte. Organisationen vorfindbar sind. Innerhalb der "gezogenen" Gebiete dann wieder Zufallsauswahl von Personen usw. (mehrstufige Auswahl)

H. Vorbereitende Maßnahmen

Fragebogenkonstruktion: Phasen

- Qualitative Vorstudie:
- Exploration des Gegenstandes;
- Gewinnung von Aussagen als Material für Fragebogen- Items
- Erster Entwurf eines Befragungsinstrumentes; Überlegungen zum Skalenniveau (Nominal,- Ordinal,- Intervallskalen - Niveau)
- Pretest der ersten Fragebogenversion
- Revision des Fragebogens aufgrund des Pretests
- Durchführung der Befragung: Sicherung der Anonymität

9.4 Fragebogengestaltung

Die Konstruktion sogenannter Fragebogenitems

- Die Items sollen möglichst konkret formuliert sein.
- Die Items sollen quantifizierbar sein.
- Insgesamt dürfen nicht zu viele Items formuliert werden, damit die Motivation zur Bearbeitung nicht nachlässt.
- Ein Fragebogen muss hinreichend umfangreich sein, damit sinnvolle Aussagen möglich werden.
- Um zusätzliche Informationen zu ermöglichen, sollten Items mit soziodemografischen Inhalten den Fragebogen ergänzen.

Folgende Methoden der Itemkonstruktion sind möglich:

- **Mehrfachwahl.** Bei Fragen mit Mehrfachwahl dürfen mehrere Antworten angekreuzt werden.
- **Einfachwahl.** Bei Fragen mit Einfachwahl darf nur eine Antwort angekreuzt werden.
- **Skala.** Bei Skalenfragen besitzen die Antworten eine innere Ordnung, eine vorgegebene Reihenfolge. Man bezeichnet die Ordnung auch als Rangfolge. (Ordinalskala) Skalen können gerade oder ungerade sein, ungerade Skalen dürfen symmetrisch angelegt werden, etwa von –2 bis +2.

- **Maßzahlen.** Bei Fragen, die eine Antwort als Zahlenwert erfassen spricht man von Maßzahlen. Bei Maßzahlen müssen Sie Maßeinheit, Unter- und Obergrenze sowie die Anzahl der Nachkommastellen festlegen.
- **Freie Frage** (offene Frage)
- **Rangordnungen.** Vorgegebene Objekte müssen in eine Rangreihe gebracht werden (z. B. von wichtig - unwichtig).
- **Semantisches Differential.** Beliebige Objekte werden durch die Berechnung eines Korrelationskoeffizienten miteinander bezüglich ihrer Ähnlichkeit verglichen.

Die wichtigsten methodischen Überlegungen sind an die Durchführung von Befragungen geknüpft. In Organisationen werden zunehmend Bürgerbefragungen, auch zu Zwecken der Qualitätssicherung, sowie Mitarbeiterbefragungen (mit unterschiedlichen Zielsetzungen) durchgeführt.

Will man hierbei sinnvoll vorgehen, sind zwei Aspekte zu berücksichtigen:

1. Die Fragen/Statements (Sammelbegriff "Items") des Fragebogens müssen sachgerecht konstruiert sein.

   Bei der Konstruktion von Fragebogenitems sind einige wichtige Hinweise zu beachten:

   - Die Items sollten möglichst konkret formuliert sein;
   - Sie sollten quantifizierbar sein;
   - Die Aussagen müssen widerspruchsfrei formuliert sein;
   - Insgesamt dürfen nicht zu viele Items formuliert werden, damit die Motivation zur Bearbeitung nicht nachlässt;
   - Ein Fragebogen muss hinreichend umfangreich sein, damit sinnvolle Aussagen möglich werden;
   - Um zusätzliche Informationen zu erlangen, sollten Items mit soziodemographischen Fragestellungen am Beginn des Fragebogens stehen.

   Um die anschließende Auswertung zu vereinfachen, sollten die Items mit einer vorgegebenen Antwortskala ausgestattet werden. Es empfiehlt sich eine 6-stufige Skalierung:

   max. positiv o ---- o ---- o ---- o ---- o ---- o max. negativ

   Hierbei sollten zumindest die Skalenenden verbal beschrieben werden. Nachdem die Items konstruiert sind, sollte zunächst ein Probelauf stattfinden um zu überprüfen, ob die Items den Anforderungen entsprechen.

Man sollte durchaus damit rechnen, dass bis zu 80 % der Items den Ansprüchen auf Anhieb nicht genügen. Dies ist normal und kein Hinweis auf eine schlechte Konstruktionsphase.

2. Will man die Ergebnisse professionell auswerten, bedarf es Grundkenntnisse bzgl. statistischer Verfahren.

9.4.1 Die Konstruktion von Fragebogenitems

Einige der dargestellten Itemformen sollen näher erläutert werden.

Mehrfachwahlaufgaben

Bei einer Mehrfachwahlaufgabe dürfen aus einer vorgegebenen Menge von Antworten beliebig viele Antworten ausgewählt werden.

Einfachwahlaufgaben

Aus einer vorgegebenen Menge von Antworten darf nur eine Antwort ausgewählt werden.

Skala

Bei skalierten Aufgaben darf einer der vorgegebenen Skalenpunkte ausgewählt werden:

+ + +   + +   +   -   --   ---
o -------- o -------- o -------- o -------- o -------- o

In der Regel empfiehlt es sich, geradzahlige Skalen zu verwenden. Die Befragten werden damit gezwungen, sich eindeutig positiv oder negativ zu äußern.

Man bezeichnet solche Skalen auch als LIKERT-Skalen (nach dem "Erfinder" dieser Skalierung).

Maßzahlen

Bei Maßzahlen besteht die Antwort aus einer Zahl.

Ober- und Untergrenzen, sowie die Zahl der Stellen hinter dem Komma werden dabei festgelegt.

Welche Note würden Sie dem Service geben? **3**

Freie Fragen

Frei beantwortbare Fragen werden durch einen frei formulierten Satz beantwortet. Sie entziehen sich üblichen Auswertungsprozeduren.

Geben Sie Auskunft darüber, inwieweit Sie mit Ihrer Tätigkeit zufrieden sind.

Antwort: ____

Semantisches Differential

Beim Semantischen Differential (auch Polaritätenprofil genannt) werden Ähnlichkeiten im Erleben von Personen untersucht. Mittels einer Anzahl von Adjektivpaaren werden Begriffe beschrieben; je ähnlicher die Beschreibungen ausfallen, umso höher ist die Korrelation zwischen beiden Begriffen.
In der Sozialforschung werden mit dieser Methode u. a. Einstellungen gegenüber von bestimmten Personengruppen (soziale Randgruppen, Ausländer, etc.) mit der Eigengruppe verglichen.
Auch für den Vergleich des SOLL-/IST-Zustands ist mit dieser Methode möglich.
In der Praxis stößt die Methode manchmal auf Probleme, da ihre face-validity nicht ohne Weiteres gegeben ist.

Beispiel:
Eine mögliche Fragestellung könnte folgendermaßen lauten:
Wie zufrieden sind Sie mit dem Ablauf Ihres Studiums?
Wie sollte ein ideales Studium ablaufen?

modern	o — o — o — o — o — o — o	rückständig
klein	o — o — o — o — o — o — o	groß
unbeweglich	o — o — o — o — o — o — o	dynamisch
demokratisch	o — o — o — o — o — o — o	autoritär
ungesund	o — o — o — o — o — o — o	gesund
flexibel	o — o — o — o — o — o — o	starr
kleinlich	o — o — o — o — o — o — o	großzügig
gut	o — o — o — o — o — o — o	schlecht
ungesichert	o — o — o — o — o — o — o	gesichert
reich	o — o — o — o — o — o — o	arm
unpraktisch	o — o — o — o — o — o — o	praktisch
unfreundlich	o — o — o — o — o — o — o	freundlich
zufrieden	o — o — o — o — o — o — o	unzufrieden
unordentlich	o — o — o — o — o — o — o	ordentlich
persönlich	o — o — o — o — o — o — o	unpersönlich
interessant	o — o — o — o — o — o — o	langweilig
gereizt	o — o — o — o — o — o — o	ruhig

Die beiden Profile werden mittels einer Korrelation (Q-Wert) miteinander verglichen.
Die Interpretation folgt den üblichen Regeln der Korrelationsrechnung.

Rangordnungen

Hierbei soll eine Anzahl von Aussagen zu einem Thema in eine Rangfolge gebracht werden, z. B. gemäß der individuellen Wichtigkeit. Aus den individuellen Rangreihen lässt sich dann noch eine Rangreihe über alle Befragten erstellen.

Sortieren Sie nach Wichtigkeit, um welche Aspekte sich eine Verwaltung besonders kümmern sollte:

ITEM	RANGPLATZ
Kundenorientierung	1
Dezentralisierung	5
Sparsamkeit	2
Personalabbau	4
rasche Bearbeitung	3
...	usw.

9.5 Die Auswertung von Fragebogenergebnissen

Aufgrund mangelnder Kenntnis geeigneter Auswertungsmethoden, beschränkt sich die Auswertung von organisationsinternen, d. h. ohne externe, professionelle Hilfe durchgeführte Befragungen, auf die Feststellung und den Vergleich von Aufsummierungen und/oder der prozentualen Beschreibung der erhaltenen Befunde.

Im professionellen Bereich bedient man sich bei der Auswertung von Umfragen geeigneter Statistikprogramme, z. B. SPSS (Statistisches Programmpaket für die Sozialwissenschaften). Hiermit sind sehr differenzierte Auswertungen möglich und relativ leicht durchführbar. Da diese Programme in der Regel in vielen Organisationen nicht zur Verfügung stehen, können in der Regel nur eingeschränkte Auswertungen durchgeführt werden.

Eine wertvolle Hilfe hierbei leisten Tabellenkalkulationsprogramme, z. B. EXCEL. Diese Programme sind in der Lage, Aufsummierungen, Mittelwerte, Standardabweichungen und Korrelationen zu berechnen. Darüber hinaus bieten sie eine Reihe weiterer statistischer Methoden an, auf die an dieser Stelle nicht weiter eingegangen werden soll. Steht ein Tabellenkalkulationsprogramm ebenfalls nicht zur Verfügung, kann man noch auf Taschenrechner mit statistischen Grundfunktionen zurückgreifen. Die Interpretation der Ergebnisse muss anschließend mit großer Sorgfalt und vorsichtig (keine voreiligen Schlüsse ziehen) durchgeführt werden.

9.6 Die Akzeptanz der Fragebogenerhebung

Bei der Akzeptanz der Fragebogenerhebung muss man zwischen Bürgerbefragungen und Mitarbeiterbefragungen unterscheiden.

9.6.1 Die Akzeptanz von Bürger-/Kundenbefragungen

Bei der Bürger-/Kundenbefragung ist oftmals mit Akzeptanzproblemen rechnen. Die Akzeptanzprobleme zeigen sich insb. in einer mangelnden Beteiligung an Befragungen. So ist eine Rücklaufquote bei schriftlichen Befragungen von lediglich 50 % sehr gering. Erschwerend ist der Umstand, dass eine Repräsentativität oftmals nicht erreicht werden kann.

9.6.2 Die Akzeptanz von Mitarbeiterbefragungen

Mitarbeiter stehen Umfragen im Allgemeinen zunächst positiv gegenüber. Dies gilt besonders dann, wenn eine Befragung erstmalig durchgeführt wird, hat man doch nicht alle Tage Gelegenheit, seine Meinung zu äußern.

Auch Vorgesetzte sind eher positiv gestimmt und neugierig auf das Umfrageergebnis. Dies ist umso bedeutsamer, da das Umfrageergebnis durchaus als Kontrolle der Vorgesetzten verstanden werden kann.

Machen die Mitarbeiter die Erfahrung, dass die Ergebnisse ernst genommen werden und umgesetzt werden, wird die Motivation auch bei künftigen Befragungen hoch bleiben. Wird demzufolge eine Befragung im Zuge einer Organisationsentwicklung eingesetzt, ist dies nur positiv zu sehen. Probleme und Ängste seitens der Mitarbeiter sind am ehesten im Zusammenhang mit dem Datenschutz bzw. der Anonymität der Befragung zu sehen.

Gleichwohl können insb. Vorgesetzte einiges dazu tun, die Motivation zu erhöhen:

- Das Ziel der Befragung den Mitarbeitern deutlich machen;
- Die Ergebnisse veröffentlichen;
- Nach Abteilungen getrennte Auswertungen durchführen (bei ausreichender Größe der Organisation)
- Veränderungen aufgrund der Befragung veranlassen und durchführen.

9.7 Die Darstellung der Ergebnisse

Neben einer qualitativ hochwertigen Planung und Durchführung einer Befragung ist die gute Darstellung der Ergebnisse notwendig und wichtig für deren Erfolg. Dabei spielt eine gute graphische Darstellung der Ergebnisse eine besonders wichtige Rolle.

Werden die Ergebnisse den Auftraggebern zudem noch gut präsentiert, werden diese sicherlich dazu führen, dass Organisationsentwicklungsmaßnahmen umgehend begonnen werden.

In der Praxis werden die Ergebnisse zumeist so dargestellt, dass sich unmittelbar Vergleiche (z. B. zwischen Personengruppen, Jahren, etc.) ergeben.

Die wichtigsten Vergleiche sind:

- Struktur-Vergleich
- Rangfolge-Vergleich
- Zeitreihen-Vergleich
- Häufigkeits-Vergleich
- Korrelationsvergleich

sowie

- Tabellendarstellung
- Textdarstellung

9.7.1 Struktur-Vergleich

Beim Struktur-Vergleich werden zumeist Anteile an einer Grundgesamtheit dargestellt. Typische Aussagen sind: ...x % der männlichen Mitarbeiter ... oder ... der Anteil der Abiturienten bei den Beschäftigten...

Bei der graphischen Darstellung des Struktur-Vergleichs wird zumeist das Kreisdiagramm genutzt.

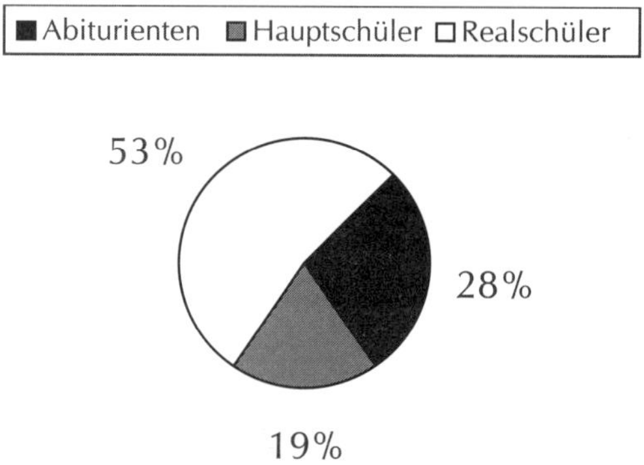

Abb. 9.4: Der Struktur-Vergleich

9.7.2 Rangfolge-Vergleich

Rangfolge-Vergleiche sind erkennbar an folgenden Formulierungen: größer als, kleiner als, gleich.

Bei der graphischen Darstellung des Rangfolge-Vergleichs wird zumeist das Balkendiagramm genutzt.

Abb. 9.5: Der Rangfolge-Vergleich

9.7.3 Zeitreihen-Vergleich

Der Zeitreihen-Vergleich (nur möglich bei mehrmaligen Befragungen) ist erkennbar an folgenden Begriffen: wachsen, verändern, sinken, etc. Bei der graphischen Darstellung des Zeitreihen-Vergleichs wird zumeist das Säulen- oder Kurvendiagramm genutzt.

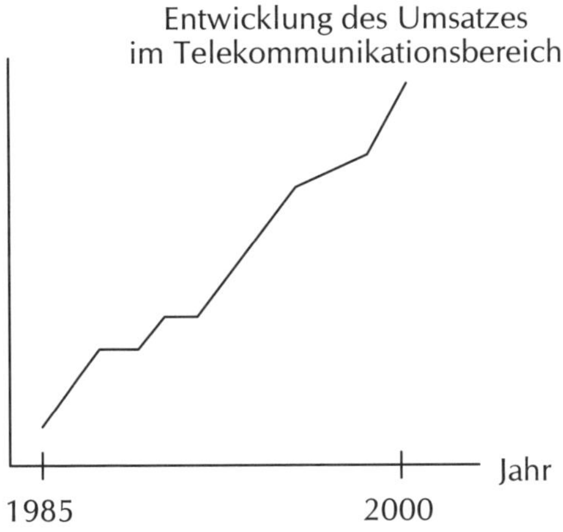

Abb. 9.6: Der Zeitreihen-Vergleich

9.7.4 Häufigkeits-Vergleich

Hier wird verglichen, wie häufig ein bestimmtes Merkmal oder eine bestimmte Antwort in verschiedenen Kategorien auftritt: Vergleiche hinsichtlich Lebensalter, Geschlecht, Schulbildung, Amtszugehörigkeit usw. sind die häufigsten Vergleiche. Schlüsselworte sind: Verteilung, Bereich von x nach y, etc. Bei der graphischen Darstellung des Häufigkeits-Vergleichs wird zumeist das Säulen- oder Kurvendiagramm genutzt.

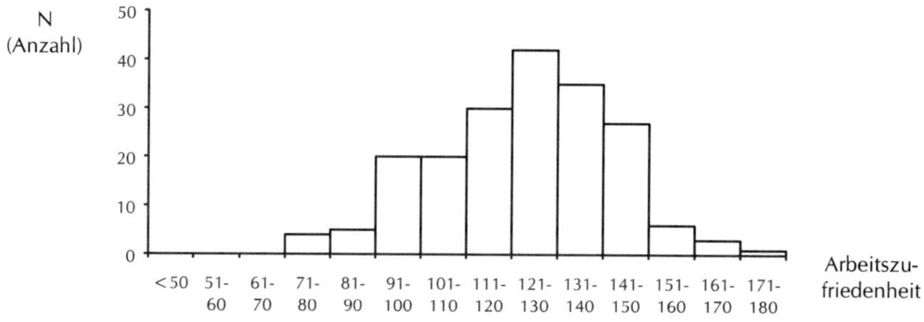

Abb. 9.7: Der Häufigkeits-Vergleich

9.7.5 Korrelationsvergleich

Beim Korrelationsvergleich wird der Zusammenhang zwischen zwei Merkmalen untersucht, d. h. man untersucht, ob beim Anstieg des einen Merkmals, das andere ebenfalls ansteigt oder abfällt, bzw. ob der Anstieg sehr steil oder eher flach ist. Bei der graphischen Darstellung des Korrelationsvergleichs wird zumeist das Punktediagramm genutzt.

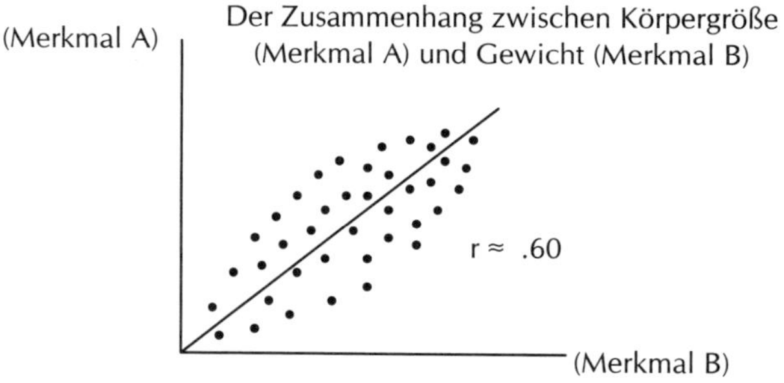

Abb. 9.8: Der Korrelations-Vergleich

9.7.6 Tabellendarstellung

Neben graphischen Darstellungen kann man Ergebnisse auch in Tabellenform darstellen. Diese Darstellung hat den Vorteil, dass alle Daten – ohne Verlust – aufgeführt werden. Die Übersichtlichkeit ist jedoch geringer als bei der graphischen Darstellung.

Um alle erhobenen Befunde darzustellen, kann man auf die Tabellenform im Allgemeinen nicht verzichten. Bei Ergebnispräsentationen sollten sie jedoch nur eine untergeordnete (oder keine) Rolle spielen.

9.7.7 Textdarstellung

An den Beginn jeder textlichen Präsentation gehört eine Zusammenfassung mit den wesentlichen Ergebnissen. Dabei sind zwei Dinge zu beachten. Der Text muss inhaltlich stimmen und der Text muss auch für Laien gut und leicht lesbar sein. Eine Präsentation der Ergebnisse ist ohne Text nicht denkbar.

Es ist darauf zu achten, dass die verwendeten Begriffe eindeutig und immer in der gleichen Bedeutung verwendet werden. Im Text sollte der gesamte Befragungsablauf detailliert geschildert werden, mit allen Stärken und Schwächen. Vorschläge für eine revidierte Form der Befragung runden den Text ab.

9.8 Statistik

9.8.1 Deskriptive Statistik

Deskriptive Statistik = Beschreibende Statistik

Aus den Ergebnissen der deskriptiven Statistik lassen sich keine Kausalzusammenhänge herleiten.

Die deskriptive Statistik charakterisiert lediglich eine untersuchte Stichprobe nach verschiedenen Kriterien.

Jede empirische Untersuchung muss einen deskriptiv-statistischen Teil enthalten.

Skalenniveau

Es sind folgende Skalen zu unterscheiden:

Skalenart	mögliche Aussage	Beispiel
Nominalskala	gleich, verschieden	Telefonnummern
Ordinalskala	größer – kleiner	militärische Ränge
Intervallskala	Gleichheit v. Differenzen	Temperatur
Verhältnisskala	Gleichheit v. Verhältnissen	Gewichtsmessung

Bei empirischen Untersuchungen ist zu klären, was wie gemessen wird.

Das ermittelte Skalenniveau bestimmt die anschließende Auswertung und Darstellung der Daten/Ergebnisse.

Verteilungsformen

Merkmalsausprägungen können sich bei einer hinreichend großen Stichprobe in vielfältiger Weise verteilen.

Hier einige Beispiele:

- U-förmige Verteilung
- Expotentialverteilung
- Gleichförmige Verteilung
- abfallende/ansteigende Verteilung
- mehrgipflige Verteilung
- Normalverteilung

Psychische Merkmale sind fast immer "normalverteilt".

Trotzdem ist es unerlässlich, bei allen empirischen Untersuchungen die Verteilungsform zu prüfen, denn eine Vielzahl statistischer Verfahren beruhen auf der sog. Normalverteilungsannahme.

Werden diese Verfahren bei anderen Verteilungsformen eingesetzt, führt dies zu falschen Ergebnissen und damit zu falschen Schlussfolgerungen.

Deshalb: Verteilungen immer veranschaulichen!

9.8.1.1 Parametrische Verfahren

Den parametrischen Verfahren liegen im Allgemeinen **die Normalverteilung und mindestens das Intervallskalenniveau** der Daten zugrunde.

Dies ist unmittelbar nach der Datenerhebung zu prüfen (Verteilung der Daten veranschaulichen).

Sollten bei einer Datenerhebung diese Forderungen nicht erfüllt sein, so sind statistische Berechnungen mit den nonparametrischen Verfahren durchzuführen.

Die wichtigsten parametrischen Verfahren der deskriptiven Statistik:

- **Mittelwerte**

  AM

  Modalwert

  Median
- **Streuungsmaße**

  Standardabweichung

  Varianz
- **Korrelation**

  Mittelwerte

AM

Das arithmetische Mittel (AM) ist der bekannteste Mittelwert.

Problematisch wird die Verwendung des Mittelwerts bei mehrgipfligen oder u-förmigen Verteilungen.

Trotzdem ist es sinnvoll, das AM bei Untersuchungen zu berechnen.

(AM = Summierung aller Ausprägungen / Anzahl der Messungen)

Modalwert

Der Modalwert ist der Wert, der am Häufigsten gemessen wird.

Beispiel: 1 – 1 – 1 – 2 – 2 – 3 – 3 – 3 – 3 – 4 – 4 – 4 – 5 – 5 – 5
Bei dieser Verteilung ist der Modalwert (Mo) = 3

Median

Der Median (Md) ist der Wert, der genau in der Mitte einer Verteilung liegt.

50% der Messungen befinden sich unterhalb dieses Wertes, 50% der Messungen befinden sich oberhalb dieses Wertes.

Beispiel: 1 – 1 – 2 – 2 – 3 – 3 – **4** – 5 – 5 – 5 – 6 – 6 – 6
Bei diesem Beispiel ist der Median Md = 4

Streuungsmaße

Standardabweichung

Die Standardabweichung (s) ist neben dem Mittelwert ein weiteres wichtiges Maß um eine Verteilung zu charakterisieren.

Die Streuung gibt den durchschnittlichen Abstand eines Messwertes vom AM an.

Innerhalb +/- 1s um das AM befinden sich 68% aller Messwerte in einer Normalverteilung.

Varianz

Die Varianz ist das Quadrat der Streuung.

Bei vielen statistischen Methoden wird mit der Varianz gearbeitet.

In der Praxis ist die Streuung das anschaulichere Maß.

Korrelation

Die Korrelation (r) ist ein Zusammenhangsmaß zwischen zwei Merkmalen, die aber **keine** Kausalaussagen zulässt.

Man unterscheidet:

- positive Korrelationen
- negative Korrelationen
- Nullkorrelationen

Bei einer positiven Korrelation wächst mit der Ausprägung des einen Merkmals auch die Ausprägung des anderen Merkmals.

Bei einer negativen Korrelation sinkt mit dem Anwachsen des einen Merkmals das andere Merkmal.

Bei einer Nullkorrelation besteht kein systematischer Zusammenhang zwischen beiden Merkmalen.

Eine Korrelation kann Werte zwischen **r = -1.00** (max. negative Korrelation) und **r = 1.00** (max. positive Korrelation) annehmen.

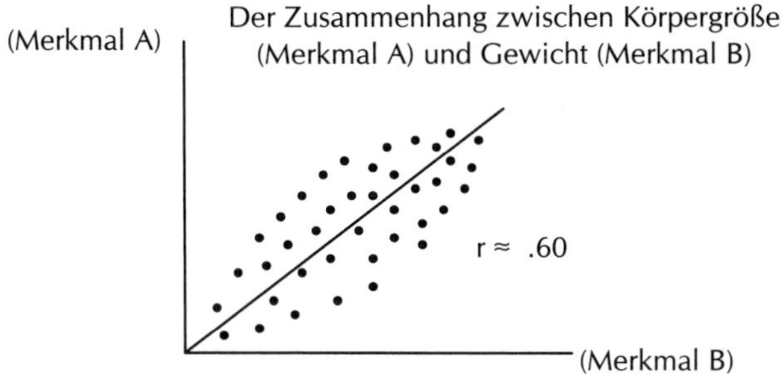

Abb. 9.9: Der Korrelations-Vergleich

9.8.1.2 Nonparametrische Verfahren

Die nonparametrischen Verfahren sind zu wählen, wenn die Datenverteilung in einer Stichprobe nicht der Normalverteilung entspricht **oder** das Intervallniveau bei der Skalierung nicht erreicht wird.

Die nonparametrischen Verfahren sind konservativer als die parametrischen Verfahren, d. h. die H1 wird eher zurückgewiesen.

Falls Unsicherheiten bzgl. der Datenstruktur oder der Verteilungsform bestehen, sollte immer die nonparametrischen Verfahren bei der Datenanalyse den Vorzug erhalten.

Es sind Verfahren vorhanden, die das Nominal- oder Ordinalniveau "messbar" machen.

Auch nonparametrische Korrelationsmaße können verwendet werden.

Nonparametrische Korrelationsmaße:

Die Rangkorrelation

entspricht der Korrelation (Produkt-Moment-Korrelation) bei einem geringeren Skalenniveau.

Wenn keine Intervall- oder Verhältnisskala vorliegt, ist es u. U. möglich, die Informationen in eine Rangfolge zu bringen.

Zwei Rangfolgen lassen sich dann miteinander vergleichen und es lässt sich die Ähnlichkeit zwischen beiden Rangfolgen bestimmen.

Dies geschieht mittels einer **Rangkorrelation.**

Kontingenzkoeffizient "C" bei nominalskalierten Daten.

Nonparametrische Mittelwertvergleiche:

- chi-square Test
- Median-Test

9.8.2 Inferenzstatistik

Inferenzstatistik = Schlussfolgernde Statistik

Mit den Mitteln der Inferenzstatistik lassen sich Ursache-Wirkungs-Zusammenhänge aufzeigen.

Notwendig ist hierfür, dass in der Planungsphase einer empirischen Untersuchung die unabhängigen Variablen (UV) und abhängigen Variablen (AV) exakt definiert und operationalisiert wurden.

9.8.2.1 Mittelwertvergleiche

T-Test

Der T-Test dient dem Mittelwertvergleich zwischen **2** Stichproben/Gruppen bei mindestens intervallskalierten Daten.

Es lassen sich unterschiedliche T-Tests durchführen:

- T-Test für unabhängige Stichproben

  gleiche Varianz

  unterschiedliche Varianz
- T-Test für abhängige Stichproben

  gleiche Varianz

  unterschiedliche Varianz
- T-Tests für ein- oder zweiseitige Fragestellungen

9.8.2.2 Varianzanalyse

Sollen **mehr als zwei** Gruppen auf mögliche Mittelwertunterschiede verglichen werden, oder sollen gleichzeitig mehr als eine unabhängige Variable untersucht werden, wählt man die Varianzanalyse.

Bei der Varianzanalyse werden mindestens intervallskalierte Daten vorausgesetzt.

9.8.2.3 Multivariate Verfahren

Die Multivariablen zeichnen sich dadurch aus, dass gleichzeitig **mehrere** abhängige Variablen untersucht werden.

Damit bilden die multivariaten Verfahren in höherem Ausmaß die Wirklichkeit ab als dies bei den univariaten Verfahren, bei denen jeweils **nur eine** abhängige Variable untersucht werden kann, möglich ist.

9.8.2.4 Faktorenanalyse

Die Faktorenanalyse ist ein datenreduzierendes Verfahren.

D. h. eine Vielzahl gemessener Daten werden gemäß ihrer korrelativen Beziehungen in wenige, voneinander unabhängige Variablengruppen (Faktoren) geordnet.

Das Ergebnis der Faktorenanalyse sind wechselseitig voneinander unabhängige Faktoren, welches die Zusammenhänge zwischen den Variablen erklären. Es werden Indexzahlen (sog. Ladungen) berechnet, die darüber informieren, wie gut eine Variable zu einer Variablengruppe passt. Die Faktorenanalyse ist ein heuristisches, hypothesengenerierendes Verfahren.

Die Faktorenanalyse ist ein Verfahren zur Überprüfung der Dimensionalität komplexer Merkmale. Durch die Faktorenanalyse (FA) wird dem Variablengeflecht eine Ordnung unterlegt, aus der sich die angetroffene Konstellation der Variableninterkorrelationen erklären lässt. Die eigentliche Aufgabe der FA ist es, dasjenige Ordnungssystem herauszufinden, das mit den theoretischen Kontexten der untersuchten Variablen am besten zu vereinbaren ist.

Die Faktorenanalyse ist ein Verfahren zur Überprüfung der Dimensionalität komplexer Merkmale.

Damit wird untersucht, ob ein komplexes Merkmal ein- oder mehrdimensional ist (beispielsweise wurde mittels FA ermittelt, dass das Commitment nach DUNHAM aus drei Faktoren besteht).

9.8.2.5 Multiple Regressionsanalyse

Bei der Korrelation wird der Zusammenhang zwischen zwei Merkmalen untersucht. Bei der Regressionsanalyse wird die Vorhersage der Ausprägung eines Merkmals ermöglicht aufgrund der Kenntnis der Ausprägung eines anderen Merkmals.

Bei der **multiplen Regressionsanalyse** wird eine Gleichung zur Vorhersage einer Kriteriumsvariablen aufgrund mehrerer Prädiktorvariablen bestimmt (Koeffizient "R").

Mittels einer multiplen Regression kann ermittelt werden, welche Prädiktoren einen besonders großen Effekt auf eine Kriteriumsvariable haben.

Beispiel:
Das Auswahlverfahren zum gehobenen Verwaltungsdienst besteht aus mehreren, voneinander unabhängigen Teilen. Durch die multiple Regression lässt sich ermitteln, welche Bestandteile des Verfahrens den höchsten Einfluss haben und welche Bestandteile eher zu vernachlässigen sind.

9.8.2.6 Clusteranalyse

"Die Clusteranalyse ist wie die Faktorenanalyse ein heuristisches Verfahren zur systematisches Klassifizierung der Objekte einer gegebenen Objektmenge. Die durch einen festen Satz von Merkmalen beschriebenen Objekte (Personen oder andere, den Sozialwissenschaftler interessierende Untersuchungsobjekte) werden nach Maßgabe ihrer Ähnlichkeit in Gruppen (Cluster) eingeteilt, wobei die Cluster intern möglichst homogen und extern möglichst gut voneinander separierbar sein sollen. Entscheidend für das Ergebnis einer Clusteranalyse ist die Definition der Ähnlichkeit von Objekten bzw. Clustern und die Art des Optimierungskriteriums, mit dem man eine möglichst gute Separierbarkeit der Cluster erzielen will." (BORTZ, 1988, p. 684)

Je nach dem vorliegenden Skalenniveau der Merkmale lassen sich unterschiedliche Clusteranalysen durchführen.

Clusteranalysen haben eine zunehmende Bedeutung in den Sozialwissenschaften, aber auch bei Befragungen nimmt ihre Bedeutung stetig zu.

9.8.2.7 Nonparametrische Verfahren

Chi-square

Der chi-square Test ist der vielseitigste nonparametrische Test.

Mit dem chi-square Test lassen sich:

- Stichproben genauer charakterisieren
- Merkmalsunterschiede zwischen Untergruppen bestimmen
- Korrelationsähnliche Berechnungen durchführen (Kreuztabellen)

- Repräsentativität von Stichproben näher untersuchen
- Der chi-square Test kann bei nominal-skalierten Daten als Clusteranalyse eingesetzt werden

9.9 Hypothesenbildung

9.9.1 Hypothesenformulierung

Jede empirische Untersuchung bedarf einer genauen Formulierung der zugrundeliegenden Hypothese.

Üblicherweise wird hierbei zwischen der sogenannten Nullhypothese (H0) und der Alternativhypothese (H1) unterschieden.

Die Nullhypothese stellt hierbei die Basis dar, von der aus entschieden wird, ob die Alternativhypothese akzeptiert werden kann oder nicht.

Nur wenn die Realität nicht mit der Nullhypothese zu erklären ist, darf sie zugunsten der neuen Alternativhypothese verworfen werden.

Im Allgemeinen gilt:

Die Nullhypothese sagt aus, dass es keinen messbaren Unterschied zwischen zwei oder mehr Stichproben/Merkmalen gibt.

Die Alternativhypothese sagt aus, dass es einen Unterschied zwischen zwei oder mehr Stichproben/Merkmalen gibt.

9.9.2 Fehlermöglichkeiten

Bei empirischen Untersuchungen und deren Aus- bzw. Bewertung sind neben richtigen Aussagen auch Fehler möglich:

Nullhypothese ist richtig und wird in der Untersuchung bestätigt	richtig	
Nullhypothese ist richtig und wird in der Untersuchung zurückgewiesen	falsch	**(α-Fehler)**
Alternativhypothese ist richtig und wird in der Untersuchung bestätigt	richtig	
Alternativhypothese ist richtig und wird in der Untersuchung zurückgewiesen	falsch	**(β-Fehler)**

Faktisch wird in der empirischen Forschung eher der sog. α-Fehler zugelassen wird, d. h. es wird eher ein vorhandener Effekt "übersehen", den vorschnell ein nichtvorhandener Effekt angenommen wird.

Die empirische Sozialforschung ist demzufolge eine "eher konservative" Wissenschaft.

10. Praxislösungen

10.1 Durchführung von strukturierten Interviews

Das Multiphasen-Interview (SCHÄFER, 2003)

Ähnlich dem Multimodalen Interview (SCHULER, 1992) werden beim Multiphasen-Interview mehrere voneinander abgrenzbare Teile unterschieden.

- **Phase 0: Gruppendiskussion**

  Dem Interview wird eine Gruppendiskussion vorangestellt, wenn eine Position zu besetzen ist, bei der soziale Interaktionen ein sehr wichtiges Eignungsmerkmal darstellt. An der Gruppendiskussion nehmen alle Bewerber/innen teil.

  Sind soziale Interaktionen kein stark gewichtetes Eignungsmerkmal, kann auf die Gruppendiskussion verzichtet werden.

- **Phase 1: Begrüßung und Informationen zum Gesprächsablauf**

  Zu Beginn des Gesprächs werden den Teilnehmern zunächst die Mitglieder der Prüfungskommission vorgestellt und es erfolgt eine kurze Beschreibung des Ablaufs des Gesprächs.

  Hierbei wird vermieden, dass zu sehr die Einzelheiten bereits dargestellt werden, da dies bereits zu Hypothesenbildungen bei den Bewerbern führen könnte.

  Es wird lediglich dargestellt, dass sich das Gespräch aus verschiedenen Teilen zusammensetzt.

  Verhaltensweisen nach Stärken und Schwächen sortieren

  Den Bewerbern/-innen werden Verhaltensbeschreibungen in einem Stapel (60 Karten) übergeben mit der Aufforderung, die Verhaltensweisen in 5 Stapel zu sortieren:

  besondere Schwäche 3 - 12 - 30 - 12 - 3 besondere Stärke

Hierfür stehen 5 Minuten zur Verfügung. (Diese Zeit kann stillschweigend auf max. 8 min. ausgedehnt werden.)

Im anschließenden freien Bericht über den Werdegang wird auf das Ergebnis eingegangen.

- **Phase 2:Freier Bericht über Werdegang**

  Der Bewerber wird aufgefordert, über sich einige Sätze sagen. Hierbei werden zunächst absichtlich keine Vorgaben gemacht.

  An interessanten/entscheidenden Stellen wird nachgefragt (warum fand nun eine berufliche Umorientierung statt?).

  Im Rahmen dieser Darstellung wird auf die Karten mit den Verhaltensbeschreibungen Bezug genommen und die Bewerber sollen begründen, wie sie zu ihrer Wahl gekommen sind.

  Hierbei werden Aspekte der Selbstreflexion verstärkt beachtet.

- **Phase 3: Motivation für die Tätigkeit**

  Es wird der Frage nachgegangen, worin die Motivation für die angestrebte Tätigkeit besteht.

  Hierbei ist zu beachten:

  Die Sicherheit des Arbeitsplatzes ist eine Motivation, die nicht zu gering geschätzt werden sollte.

  Es sollten noch andere Gründe genannt werden!

- **Phase 4: Grund für Wechsel vom bisherigen Arbeitsplatz**

  Schlüsselfragen in diesem Bereich sind:

  Warum wollen Sie Ihren Arbeitsplatz verlassen?

  Warum gerade jetzt?

  Wenn Sie gute Chancen in Ihrer bisherigen Tätigkeit hätten, würden Sie sich dann auch beworben haben?

  (Für Bewerber, die Ihren Wohnsitz verlegen müssen) Würden Sie für Ihren erlernten Beruf auch in diese Stadt kommen? Warum ja/nein?

  Über welche Vorerfahrungen aus ähnlichen Tätigkeiten haben sie?

- **Phase 5: Vorstellungen über die Tätigkeit**

  Welche Vorstellungen haben Sie über die Tätigkeit.

Hierbei kommt es nicht so sehr darauf an, dass diese Vorstellungen in allen Einzelheiten korrekt sind, sie sollten aber auch nicht völlig falsch sein.

Sehr wichtig ist die Tatsache, ob und inwieweit sich die Bewerber/innen überhaupt schon einmal mit der Tätigkeit auseinandergesetzt haben. Schließlich wollen Sie Ihr künftiges Arbeitsleben mit dieser Tätigkeit ausfüllen.

- **Phase 6: Critical Incidents**

  Den Bewerbern/-innen werden, für die Tätigkeit typische Situationen (überwiegend soziale Situationen) geschildert. Die Bewerber/innen müssen erläutern, wie sie sich in diesen Situationen verhalten würden. Die Antwort muss sehr konkret erfolgen.

  Im Rahmen des Interviews werden mindestens drei Situationen geschildert; diese Zahl kann aber beliebig erhöht werden. Die Beurteilung erfolgt mittels einer 3-stufigen Skala: gute Antwort – akzeptable Antwort - schlechte Antwort.

- **Phase 7: Informationen über die Tätigkeit**

  Es werden den Bewerbern realistische Tätigkeitsinformationen gegeben, d. h. auch Probleme und negative Begleiterscheinungen werden nicht verheimlicht. Dies führt in der Folge zu einem höheren Commitment, höherer Leistung und geringeren Fehlzeiten und Fluktuation bei den neu eingestellten Personen.

  Wenn negative Aspekte geschildert werden müssen, wird regelmäßig die Frage aufgeworfen:
  "Sind Sie in der Lage mit dieser Situation fertig zu werden – begründen Sie bitte Ihre Antwort."

- **Phase 8: Zukunftsvorstellungen**

  Hierbei wird der Frage nachgegangen, wie realistisch die Erwartungen der Bewerber/innen an die Entwicklungsmöglichkeiten sind.

  Tauchen hier zu große Diskrepanzen auf, ist dieser Abschnitt auch bei sonst gut geeigneten Personen nochmals vertiefend zu diskutieren.

  Sind die Wünsche und Vorstellungen zu unrealistisch, kann dies zum Etikett "nicht geeignet" führen.

************* FHB Hof ****************

AUSLEIHE

> 025C0020152 <<

oritz, Ella

.04.2009, 12:19:37 Uhr, acp

veigstelle: FHB Hof

****

25000427220 / 100/CW 4500 S294(2)

:häfer, Norbert

ganisationspsychologie für die Praxis

Leihfristende: 20.05.2009

ızahl entliehener Medien: 1

****

- **Phase 9: Abschluss**

  Beim Gesprächsabschluss wird dem Bewerber nochmals die Möglichkeit gegeben, alle interessierenden Fragen zu stellen.

  Ein PA-Verfahren ist ein zweiseitiger Prozess, bei dem auch die Bewerber feststellen können sollen, ob die angebotene Stelle für sie die richtige Position ist.

  Anschließend wird das weitere Prozedere erläutert.

10.2 Durchführung von Mitarbeitergesprächen[1]

10.2.1 Ziel des Mitarbeitergesprächs

Zieldefinition

Ein Ziel ist ein vorweggenommenes Ergebnis von Maßnahmen und Aktivitäten. Der Zielerreichungsgrad ist messbar.

Folgende Kriterien sind bei der Zielformulierung zu beachten:

- konkret und verständlich
- positiv und im Präsens formuliert
- terminiert
- überprüfbar, messbar
- erreichbar, aber anspruchsvoll
- mit Maßnahmen und Personen verbunden
- Folgen beim Erreichen/Nichterreichen des Ziels

10.2.2 Feedback

Das Feedback ist eine Mitteilung an eine Person darüber, wie die Verhaltensweisen dieser Person von anderen wahrgenommen, verstanden und erlebt werden. Feedback durch Personen ist also immer eine Rückmeldung von subjektiven Eindrücken. Das Feedback erfolgt offen.

---

[1] Die dargestellten Hinweise sind angelehnt an die Vorgehensweise beim Führen eines Mitarbeitergespräches bei einer großen Landesbehörde in Baden-Württemberg

Vorteile des Feed-backs

Aus dem Feedback kann man die eigene Wirkung auf andere verstehen und Dinge aus der Sicht des anderen sehen.

Allgemeine Ergebnisse aus der Organisationspsychologie zeigen, dass der Mensch wirksamer arbeitet und zufriedener ist, wenn er über seine Leistungsanstrengungen Ergebnisrückkopplungen erhält, die ihm den Stand der Zielverwirklichung zeigen.

Jeder Mensch braucht Rückmeldung über sein Verhalten, auch und gerade der selbstständig und eigenverantwortlich handelnde Mitarbeiter (MA). Zur Begleitung von Prozessen und zur Bewertung von Ergebnissen ist Feedback notwendig. Rückmeldung ist für den MA Information und Hilfe zugleich. Durch Feedback werden Förderungsprozesse eingeleitet.

10.2.3 Gesprächsnotiz

Ein MA-Gespräch ohne Gesprächsnotizen ist nutzlos und bleibt im unverbindlichen stecken.

Folgend Aspekte sollten, neben allgemeinen Daten (Namen, Datum, Organisation, Unterschriften), dokumentiert werden:

A. Vereinbarte Fördermaßnahmen/Weiterbildungsaktivitäten

1. Maßnahmen am Arbeitsplatz (training on the job)
2. Seminare (training off the job)
3. Sonstige Aktivitäten in Eigenverantwortung des MA

B. Zeitschiene

1. Zielerreichung des Vorjahres
2. Zielvereinbarung des Folgejahres

C. Anmerkungen

10.2.4 Struktur des MA-Gesprächs:

- Gesprächseröffnung
- Rückblick
- Ausblick
- Gemeinsame Ergebnisse, Zielvereinbarungen

Ferner gilt:

- Die Vereinbarungen sind schriftlich festzuhalten.
- Beide Seiten müssen sich gut auf das MA-Gespräch vorbereiten.
- Gesprächspartner sind MA und ihre **unmittelbaren** Vorgesetzte.
- Das MA-Gespräch steht der Unabhängigkeit bzw. Weisungsfreiheit nicht entgegen.

Probleme:

- Die Ziele werden auf einer relativ abstrakten Ebene definiert.
- Das MA-Gespräch soll Leistungsbeurteilungen nicht ersetzen. Beides soll nebeneinander stattfinden.
- Dies wird mit unterschiedlichen Messmethoden begründet:

  MA-Gespräch: Kriterienorientierte Messung

  Beurteilung: Normorientierte Messung

10.2.5 Ablaufschema

1. Gesprächseröffnung
2. Rückschau und Bilanz – "Wo stehen wir?"
   - 2.1 Tätigkeiten des MA
   - 2.2 Führung und Zusammenarbeit
   - 2.3 Arbeitsumfeld
   - 2.4 Persönliche Arbeitssituation
3. Ausblick auf das kommende Jahr - "Was wollen wir erreichen?"
4. Gesprächsergebnisse - "Worauf haben wir uns verständigt?"

10.2.6 Dokumentation des MA-Gesprächs

wie bereits dargestellt wurde, soll das MA-Gespräch dokumentiert werden. Sowohl der Vorgesetzte, als auch der MA soll eine Kopie der Dokumentation erhalten. Diese Dokumentation liefert die Grundlage für anschließende MA-Gespräche. Es folgt nun eine beispielhafte Darstellung eines Formblattes zur Dokumentation:

10.3 Strukturierte Personalauswahl

Ausgangspunkt für die systematische Abgleich von Stellenprofilen mit Bewerberprofilen, ist die **Arbeitsplatzbeschreibung.**

Zunächst bilden in einem ersten Schritt die Informationen zu den Tätigkeitsmerkmalen und deren Gewichtung, organisatorischen Einbindung des Arbeitsplatzes, Befugnisse, Über- und Unterstellungen, (Stellvertretung) usw. die Grundlage für das **Anforderungsprofil,** indem Tätigkeitsmerkmale und weiter Informationen in dafür notwendige Anforderungen transformiert werden. Hierbei sind unterschiedliche Systematiken möglich. An dieser Stelle sei exemplarisch eine Systematik dargestellt:

10.3.1 Anforderungen an Stellenbewerber

Sachliche Anforderungen

- Ausbildung, Studium oder Prüfung
- Zusatzqualifikation, Weiterbildung
- Erfahrung (zeitlich) in...,

Soziale Anforderungen

- Kommunikative Fähigkeiten
- Teamfähigkeit
- Führungskompetenz
- Konfliktfähigkeit
- Motivations- und Integrationsfähigkeit
- Anpassungsfähigkeit
- Einfühlungsvermögen

Persönliche Anforderungen

- Alter
- Geschlecht
- evt. weitere...

Nächster Schritt ist die **Gewichtung** der verschiedenen Anforderungen (Auswahlkriterien) und die Festlegung der Mindestvoraussetzungen. Dabei helfen wiederum die Angaben aus der Arbeitsplatzbeschreibung. Die Schwerpunkte werden durch die umfangreicheren Tätigkeitsmerkmale bestimmt.

Fügt man jetzt die Kriterien (1. Schritt) und die Gewichtung (2. Schritt) zusammen, erhält man die Anforderungssystematik mit der der Abgleich von Stelle und Bewerber möglich wird. Die Umsetzung des Anforderungsprofils in den Auswahlprozess kann beginnen.

10.3.2 Die Umsetzung des Anforderungsprofils in den Auswahlprozess

Nachdem das Anforderungsprofil entwickelt wurde kann damit begonnen werden, das eigentliche Personalauswahlverfahren durchzuführen.

Vorgehensweise

Festlegen, welche der durch das Anforderungsprofil ermittelten Fähigkeiten, Fertigkeiten oder formale Qualifikationen in welcher Phase des Personalauswahlverfahrens berücksichtigt werden sollen.

Nachdem das Verfahren abgeschlossen ist, sollte man zu jedem Aspekt des Anforderungsprofils Aussagen machen können.

Der erste Schritt im Rahmen des Personalauswahlprozesses ist in der Regel die sogenannte Vorauswahl. Im Rahmen der Vorauswahl können formale Qualifikationen (Ausbildungsabschlüsse etc.) und Arbeits- bzw. Dienstzeugnisse berücksichtigt werden. Oftmals sprechen diese Unterlagen bereits einige Aspekte des Anforderungsprofils unmittelbar an.

Es empfiehlt sich, der Vorauswahl große Bedeutung beizumessen, da diese eine unter Umständen große Bewerberzahl reduzieren muss (dies gilt natürlich in erster Linie dann, wenn sich als weiterer Auswahlschritt ein Interview als Auswahlmethode anschließt). In der Praxis kann man davon ausgehen, dass man für die Besetzung einer Stelle, nicht mehr als ca. 6 Bewerber einzuladen braucht. Sollten nach Durchführung der Vorauswahl noch deutlich mehr Bewerber die Kriterien erfüllt haben, muss die Vorauswahl ergänzt werden.

Abhilfe schafft hier die Verwendung anderer Auswahlmethoden, z. B. Testverfahren, Teile aus sogenannten Assessment Center (AC) oder ein strukturiertes Interview.

Das unten aufgeführte Beispiel soll die Verbindung zwischen dem Anforderungsprofil und dem Personalauswahlverfahren verdeutlichen. Jede Beurteilungsdimension entspricht einem Aspekt des Anforderungsprofils. Gleichzeitig wird deutlich, mit welcher Methode die jeweilige Dimension untersucht wird:

	Beurteilungsdimension
Beurteilungsbereich	Ausbildung
Grundlegende	Studium
Faktoren	Zusatzqualifikationen
	Erfahrungen
	Beurteilungsdimension
Beurteilungsbereich	Qualität der Bewerbungsunterlagen
	Arbeitszeugnisse
Vorauswahl	Zusatzqualifikationen
	Alter
	Geschlecht
	Beurteilungsdimension
Beurteilungsbereich	angepasstes Durchsetzungsvermögen
Gruppen-	Teamfähigkeit
diskussion	Kompromissfähigkeit
	Argumentationsfähigkeit
	Ausdrucksfähigkeit
	Kommunikationsfähigkeit
	Beurteilungsdimension
Beurteilungsbereich	Soziale Kompetenz
	Kommunikationsfähigkeit
Gespräch	Flexibilität
	Einfühlungsvermögen
	Aggressivität
	Einsatzbereitschaft
	Auffassungsgabe
	Entscheidungsfähigkeit
	Ausdrucksfähigkeit
	Urteilsfähigkeit

Das Beispiel zeigt die Verknüpfung von Merkmalen des Anforderungsprofils mit den Beurteilungsdimensionen im Personalauswahlprozess.

In diesem Beispiel kommen, neben der klassischen Vorauswahl (Beurteilungsbereich "Vorauswahl") und dem Interview (Beurteilungsbereich "Gespräch") auch eine Gruppendiskussion, also ein Element des Assessment Centers (Beurteilungsbereich "Gruppendiskussion") zum Einsatz.

Zusätzlich werden die Beurteilungsdimensionen genannt, die aufgrund einer Anforderungsanalyse als bedeutsam für die Tätigkeit identifiziert wurden. Insgesamt werden 23 Beurteilungsdimensionen definiert. Teilweise liegen für diese Dimensionen objektive Daten vor (z. B. Zeugnisse, Prüfungsergebnisse), teilweise beruhen die Beurteilungen auf subjektiv gewonnenen Daten (z. B. Datengewinnung durch Beobachtung und Beurteilung). Die Beurteilungsdimensionen, deren Ausprägung aufgrund subjektiver Daten untersucht werden, werden sinnvoller Weise von einem Auswahlgremium und nicht nur von einer Person ermittelt. Hierfür muss im Rahmen der Erstellung des Anforderungsprofils definiert werden, wodurch die erwartete Ausprägung der jeweiligen Dimension charakterisiert ist.

In einem weiteren Schritt kann die Wichtigkeit der Dimensionen für das Anforderungsprofil durch entsprechende Gewichtungsfaktoren berücksichtigt werden. In der Praxis haben sich Gewichtungen mit den Faktoren 1, 2 und 3 bewährt.

Die vorgestellte Vorgehensweise kann durch ein einfaches EXCEL-Programm vereinfacht und systematisiert werden. Dieses Excel-Programm kann beim Autor angefordert werden (www.NorbertSchäfer.de).

Die Personalauswahl wird damit objektiver und transparenter.

Literatur

ADAMS, J. S. (1965): Inequity in social chance. In: BERKOWITZ, L. (Ed.). Advances in experimental social psychology, Vol. 2. New York. Academic Press

ALLEN, N. J. & MEYER, J. P. (1990): The measurement and antecedents of affective, continuance and normative commitment to the organization. Journal of Occupational Psychology, 63, 1-18.

ANTONS, K. (1974): Praxis der Gruppendynamik. Übungen und Techniken. Göttingen. Verlag für Psychologie Hogrefe

ASCH, S. E. (1952): Effects of group pressures upon the modification and distortion of judgements. In: NEWCOMB, T. M. & HARTLEY, E. L. (Eds.): Readings in social psychology. New York

BAEHR, M. E., BURNS, R. K., McMURRY, R. N. (1965): Personal History Index. Chicago, Ill: Industrial Relations Center. The University of Chicago

BALES, R. F. (1950): A set of categories for the analysis of small group interaction. In: American Sociological Review, 15, 257-263

BARRETT, D. (1951): An Experimental Approach to Organizational Communication. Personnel, 27

BASS, B. M. (1985): Leadership and performance beyond expectations. New York

BASS, B. M. & AVOLIO, B. J. (1990). Manual for the Multifactor Leadership Questionnaire. Palo Alto. Consulting Psychologists Press

BAVELAS, A. (1951): Communication Patterns in Task-Oriented Groups. In: LERNER, D. & LASSWELL, H. D., The Policy Sciences. Stanford

BECKER, M. (1993): Personalentwicklung. Bad Homburg v. d. H.

BEITZ, H., LOCH, A. (2000): Assessment Center. Erfolgstipps und Übungen für BewerberInnen. Niedernhausen. Falken-Verlag.

BORN, M. & EISELIN, S. (1996): Teams. Chancen und Gefahren. Bern, Göttingen, Toronto, Seattle. Verlag Hans Huber

BORTZ, J. (1988): Statistik für Sozialwissenschaftler (3rd ed.). Berlin, Heidelberg, New York, London, Paris, Tokyo.

COMELLI, G. (1985). Handbuch der Weiterbildung für die Praxis in Wirtschaft und Verwaltung, Bd. 4. Training als Beitrag zur Organisationsentwicklung. München, Wien. Hanser

COPLAN, R. D., COBB, S., FRENCH, Jr. J., Van HARRISSON, R. U., PINNEAU, S. R. (1982): Arbeit und Gesundheit. Bern, Stuttgart, Wien. Verlag Hans Huber

DIEKSTRA, R. F. W. (1982): Ich kann denken/fühlen was ich will. Eine Anleitung zur Lösung emotionaler Probleme durch rationale Selbst-Analyse. Lisse. Swets & Zeitlinger

DIN 33430, Ausgabe 2002-06: Anforderungen an Verfahren und deren Einsatz bei berufsbezogenen Eignungsbeurteilungen. Berlin, Wien, Zürich. Beuth

DUNHAM, B. D., GRUBE, J. A. & CASTANEDA, M. B. (1994): Organizational Commitment: The Utility of an Integrative Definition. Journal of Applied Psychology 1994, Vol. 79, No. 3, 370-380

ENGLAND, G. W. (1990): The Patterning of Work Meanings which are Coterminous with Work Outcome Levels for Individuals in Japan, Germany and the USA. Applied Psychology: An International Review 1990, Vol. 39, No. 1, 29-45

FESTINGER, L. (1957): A theory dissonance. Evanston. Row, Peterson

FEUERSTEIN; H. J. (2003): Skript zur Vorlesung Organisationspsychologie an der FH Kehl. Unveröffentlicht

FLEISHMAN, E. A., HARRIS, E. F., BURTT, H. E. (1955): Leadership and supervision in industry. Columbus. Ohio State University

GEBERT, D. (1974): Organisationsentwicklung, Stuttgart.

GRAUMANN, C. F. (1977): Motivation, Wiesbaden. Akademische Verlagsgesellschaft

HERZBERG, F., MAUSNER, B. SNYDERMAN, B. B. (1959): The Motivation to Work. New York. Wiley & Sons Inc.

HOFSTÄTTER, P. R. (1979): Gruppendynamik. Hamburg. rororo

HOLMES, T. & RAHE, R. (1967): The social readjustment rating scale. Journal of Psychosomatic Research

v. HOLST, D. & SCHERER, K. R. (1987): Stress. Studienbegleitbrief zur 15. Kollegstunde des Funkkollegs Psychobiologie. Tübingen. Dt. Inst. für Fernstudien

JACKSON, S. E. & RUDERMAN, M. N. (Eds.) (1996): Diversity in Workteams. Washington D. C. American Psychological Association

JEHODA, M. (1983): Wieviel Arbeit braucht der Mensch? Weinheim und Basel. Beltz

JESERICH, W. (1981): Handbuch der Weiterbildung für die Praxis in Wirtschaft und Verwaltung. Mitarbeiter auswählen und fördern. Assessment-Center-Verfahren. München, Wien. Hanser Verlag

KEITA, G. P. & HURRELL, J. J. (Eds.) (1994): Jobstress in a changing Workforce. Washington D. C. American Psychological Association

KLAGES, H. (2002): Führung als Erfolgsfaktor der Personalentwicklung. Vortrag, gehalten am 11.04.2002 an der FH Kehl

LIPPITT, R. & WHITE, R. (1947): An experimental study of leadership and group life. In: NEWCOMB, T. & HARTLEY, E. (Eds.) New York. Readings in social psychology

LOWMAN, R. L. (1991): The clinical practice of Carerr Assessment. Washington D. C. American Psychological Association

MASLOW, A. H. (1943): A Theory of Human Motivation. Psychological Review, 1943, 50, 370-396. New York. Harper & Row

MAYO, E. (1933): The human problems of an industrial civilization. New York, Macmilian

McCLELLAND; D. C., ATKINSON, J. W., CLARK, R. A., LOWELL, E. L. (1953): The archievement motive. New York

METHODENLEHRE DER BETRIEBSORGANISATION/REFA – Verband für Arbeitsstudien und Betriebsorganisation e. V.: Aufbauorganisation, München 1992

MILGRAM, S. (1965): Some conditions of obedience and disobedience to authority. Human Relations, Vol. 18, 57-76

MOSER, K. (1996): Commitment in Organisationen. Bern, Göttingen, Toronto, Seattle. Verlag Hans Huber

NEUBERGER, O. (2000): Das 360°-Feedback. München, Mering. Rainer Hampp Verlag

SARAFINO, E. P. (1998): Health Psychology: Biopsychological interactions (3rd ed.). New York. Wiley

SCHÄFER, N. (1986). Eignung und Arbeitszufriedenheit. Frankfurt a. M. Lang

SCHÄFER, N. (2000): Eine Untersuchung zum Commitment in einem Betrieb des öffentlichen Personennahverkehrs. Unveröffentlicht

SCHÄFER, N. (2004): Expert Appraisal. Ein neues 360°-Feedback-Instrument in der Praxis. Unveröffentlicht

SCHULER, H. & STEHLE, W. (1987): Assessment Center als Methode der Personalentwicklung. Stuttgart. Verlag für Angewandte Psychologie

SCHULER, H. (1992): Das Multimodale Einstellungsinterview. Diagnostica, 38, 281-300

SCHULER, H. (2000): Psychologische Personalauswahl. Einführung in die Berufseignungsdiagnostik (3rd ed.). Göttingen. Verlag für angewandte Psychologie

SHULER, H. (Hrsg.) (2001): Lehrbuch der Personalpsychologie. Göttingen, Bern, Toronto, Seattle. Hogrefe

SCHULER, H. & MOSER, K. (1995): Die Validität des Multimodalen Interviews. Zeitschrift für Arbeits- und Organisationspsychologie, 39, 1, 2-12

SCHULZ von THUN, F. (1981): Miteinander reden: Störungen und Klärungen. Reinbek. Rowohlt

SELYE, H. (1950): The Physiology and Pathology of Exposure to Stress. Montreal

SHERIF, M. (1966): Group conflict and cooperation: Their social psychology. London. Routledge and Kegan Paul

TANNENBAUM, A. S. (1968): Control in Organizations. New York. McGrawh-Hill

TEMPLIN, M. (1993): Personalentwicklung. Unveröffentlichter Praxisbericht. Frankfurt a. M.

WATZLAWICK, P. & WEAKLAND, J. H. (Eds.) (1980): Interaktion. Bern, Stuttgart, Wien. Verlag Hans Huber

WEINERT, A. B. (1981): Lehrbuch der Organisationspsychologie. München, Wien, Baltimore. Urban & Schwarzenberg

WEUSTER, A. & KERSTEN, B. (1991): Arbeitszeugnisse in Textbausteinen, 3. Auflage, Stuttgart

WICKEL, K. (1993): Validierung der psychologischen Eignungstestverfahren in einem Betrieb des öffentlichen Dienstes und Erprobung eines biographischen Inventars. Frankfurt a. M., unveröffentlichte Diplomarbeit

WILPERT, B. (1993): Vergeht den Deutschen die Arbeitslust? Beitrag zum Römerberggespräch Frankfurt a. M., 18. - 19. Juni 1993

Dr. Detlef Jürgen Brauner, Dr. Hans-Ulrich Vollmer

Erfolgreiches wissenschaftliches Arbeiten

Seminararbeit – Diplomarbeit – Doktorarbeit

2004, 152 S., € 10,00 ISBN 3-89673-225-0

Die Autoren liefern eine geschlossene Darstellung der Vorgehensweise zur Abfassung und Veröffentlichung einer wissenschaftlichen Arbeit. Im Mittelpunkt stehen nicht typische Fehler von Studierenden und Hinweise zu deren Vermeidung, sondern eine Gesamtbetrachtung der Entstehung einer wissenschaftlichen Arbeit, orientiert an den vielfältigen Problemen, die auf dem mühevollen Weg der wissenschaftlichen Erkenntnis zu bewältigen sind. Die Phasen der Entwicklung und fortschreitenden Konkretisierung eines Themas und dessen Anspruch der Wissenschaftlichkeit werden detailliert behandelt, wobei auf den Zusammenhang zwischen den einzelnen Phasen besonderes Gewicht gelegt wird. Dieses Buch ist darauf angelegt, auftretende Hemmnisse zu beseitigen und die zur Verfügung stehende Zeit nicht zu vergeuden, sondern erforderlichenfalls durch notwendige Arbeiten an anderer Stelle zu kompensieren. Für alle denkbaren Schwierigkeiten werden Handlungsanweisungen formuliert, die mögliche Blockaden auf ihre Ursachen zurückführen und Lösungen aufzeigen. Darüber hinaus enthält das Buch Empfehlungen und Hinweise zur Überarbeitung der vorläufigen Endfassung sowie zur Herstellung der Druckexemplare. Das letzte Kapitel befasst sich gezielt mit den Möglichkeiten der Veröffentlichung. Diese Buch schafft die Voraussetzungen für überdurchschnittliche Seminar-, Diplom-, und Doktorarbeiten und zeigt Hochschulabsolventen den Weg, ihre wissenschaftliche Leistung in angemessener Weise bekannt zu machen.

Verlag Wissenschaft & Praxis